Bibliothek 4. OG
Prüfung

IFRS Best Practice
Band 4

IFRS: Vorräte, Fertigungsaufträge, Forderungen

Bilanzierung und Darstellung

Von
Dr. Thomas Padberg

ERICH SCHMIDT VERLAG

Bibliografische Information der Deutschen Bibliothek

Die Deutsche Bibliothek verzeichnet diese Publikation in der Deutschen Nationalbibliografie; detaillierte bibliografische Daten sind im Internet über dnb.ddb.de abrufbar.

Weitere Informationen zu diesem Titel finden Sie im Internet unter

ESV.info/978 3 503 10097 2

ISBN: 978 3 503 10097 2
ISSN: 1865-3251

Alle Rechte vorbehalten
© Erich Schmidt Verlag GmbH & Co., Berlin 2008
www.ESV.info

Dieses Papier erfüllt die Frankfurter Forderungen der Deutschen Bibliothek und der Gesellschaft für das Buch bezüglich der Alterungsbeständigkeit und entspricht sowohl den strengen Bestimmungen der US Norm Ansi/Niso Z 39.48-1992 als auch der ISO-Norm 9706.

Druck und Bindung: Difo-Druck, Bamberg

Geleitwort des Herausgebers

Im Umlaufvermögen schlägt sich die betriebliche Tätigkeit des Unternehmens direkt nieder. In den Vorräten werden sowohl die einzusetzenden Roh-, Hilfs- und Betriebsstoffe als auch die damit produzierten unfertigen und fertigen Erzeugnisse ausgewiesen. Diese Position ist somit zur Einschätzung der wirtschaftlichen Lage zusammen mit den entsprechenden Positionen in der Gewinn- und Verlustrechnung von besonderer Bedeutung. Diese Bedeutung wächst noch weiter an, wenn es sich um Unternehmen handelt, die biologische Erzeugnisse herstellen oder die langfristige Fertigungsprozesse durchführen müssen. Während es im Allgemeinen bis auf die derzeit noch im HGB verankerten Bewertungswahlrechte keine großen Unterschiede zu den IFRS hinsichtlich der Behandlung von Vorräten gibt, führen diese speziellen Vermögenswerte nach IFRS zu einer gänzlich anderen Behandlung, die auch durch das im Entwurf vorliegende Bilanzrechtsmodernisierungsgesetz nicht ausgeräumt werden. Somit ist die Betrachtung von IAS 2 (Vorräte), IAS 11 (Fertigungsaufträge) und IAS 41 (Agriculture) hochrelevant für die Erstellung und Interpretation von Abschlüssen nach IFRS.

In diesem vorliegenden Band 4 der Reihe IFRS-Best Practice ordnet Herr Dr. Padberg die Behandlung der Vorräte und damit zusammenhängender Positionen in den Kontext der Rechnungslegung nach IFRS ein. Konkret werden auf der Basis der Grundsachverhalte die bestehenden Regelungen zu Ausweis, Ansatz und Erst- sowie Folgebewertung dieser Positionen nach den IFRS vorgestellt. Im Anschluss werden die nach IFRS spezifizierten Besonderheiten bezüglich der biologischen Produkte und der langfristigen Fertigung in der gebotenen Ausführlichkeit dargestellt. Zusätzlich wird die Behandlung von Forderungen nach IFRS gem. IAS 39 (Finanzinstrumente) beschrieben, was die Betrachtung der wesentlichen Positionen des Umlauf- bzw. kurzfristigen Vermögens abrundet. Gemäß des erklärten Ziels dieser IFRS-Anwendungsreihe werden die jeweiligen IFRS-Regelungen kurz, prägnant und auf aktuellem Stand unter Einbezug der aktuellen Fortentwicklung des HGB dargestellt sowie die technischen Anwendungsaspekte der IFRS und die bilanzpolitischen Gestaltungspotenziale aufgezeigt. Zudem wird der gegenwärtige IFRS-Bilanzierungsstand anhand der im SDAX, MDAX und DAX gelisteten Unternehmen empirisch fundiert und besonders gelungene Umsetzungsbeispiele im Rahmen der Best-Practice-Analyse wiedergegeben.

Oldenburg, im Januar 2008 *Stefan Müller*

Vorwort

Vorräte und Forderungen prägen bei vielen Unternehmen einen großen Teil des Abschlusses. In diesem Buch werden mit den Vorräten, den Fertigungsaufträgen sowie den Forderungen die bei den meisten Unternehmen wichtigsten Aktivpositionen bearbeitet. Wichtigste ist dabei im Sinne von wirtschaftlich umfangreichste zu verstehen, d. h. diese Positionen haben häufig den größten Anteil an der Bilanzsumme. Im Rahmen einer empirischen Analyse wird von 122 Unternehmen aus DAX, MDAX und SDAX die deutsche Bilanzierungspraxis im Bereich von Vorräten und Forderungen untersucht, wobei mit landwirtschaftlichen Vorräten und Fertigungsaufträgen zwei Besonderheiten der Vorräte integriert sind. Neben der empirischen Analyse und exemplarischen Einzelfällen werden auch die theoretischen Grundlagen dargelegt.

Im Einzelnen werden in diesem Buch folgende Standards der IAS/IFRS bearbeitet:
– der IAS 2 als Standard für die Vorratsbewertung,
– der IAS 23 als Standard für die Einbeziehung von Fremdkapitalkosten,
– der IAS 41 als Standard für landwirtschaftliche Erzeugnisse,
– der IAS 11 als Standard für Fertigungsprodukte sowie
– der IAS 39 als Standard für die Bewertung von Forderungen.

Das Buch gliedert sich in fünf Hauptkapitel. Nach dem einleitenden Kapitel werden in Kapitel 2 die für die Vorratsbewertung relevanten Standards IAS 2, IAS 23 und IAS 41 behandelt. Dabei werden die Bewertungsvorschriften sowie die Anhangangaben sowie weitere etwaig wichtige Vorschriften erläutert.

In Kapitel 3 werden Fertigungsaufträge und in Kapitel 4 Forderungen behandelt.

In Kapitel 5 wird die empirische Analyse der Unternehmen hinsichtlich der genannten Bilanzpositionen durchgeführt und hinsichtlich der Wichtigkeit der Positionen und bilanzanalytischer Kennzahlen Analysen durchgeführt.

Zum Gelingen dieses Buches haben den Autor verschiedene Personen unterstützt. Für die inhaltlichen Diskussionen danke ich Prof. Dr. Stefan Müller, für die Auswertung der Jahresabschlüsse danke ich Herrn Dilp.-Oec. Jens Reinke. Mein besonderer Dank gilt weiterhin Frau Birte Schumann vom Erich Schmidt Verlag für die ausgezeichnete Zusammenarbeit.

Paderborn, im Januar 2008 *Thomas Padberg*

Inhaltsverzeichnis

Geleitwort des Herausgebers................................. 5

Vorwort... 7

Inhaltsverzeichnis... 9

Abbildungsverzeichnis....................................... 13

Tabellenverzeichnis... 15

1 Einleitung 17

2 Vorräte 17
    2.1   Vorratsbewertung nach IAS 2.......................... 17
        2.1.1   Definition von Vorräten nach IAS 2.............. 17
        2.1.2   Begriffsabgrenzungen 19
        2.1.3   Anschaffungs- oder Herstellungskosten........... 20
        2.1.4   Der Nettoveräußerungswert von Vorräten.......... 27
        2.1.5   Kuppelprodukte 29
        2.1.5.1 Restwertrechnung................................ 30
        2.1.5.2 Verteilungsrechnung............................. 31
    2.2   Einbeziehung von Fremdkapitalkosten.................. 34
    2.3   Angaben zu den Vorräten 37
    2.4   Landwirtschaftliche Vorräte 43
        2.4.1   Einführung...................................... 43
        2.4.2   Begriffsbestimmungen............................ 44
        2.4.3   Ansatz und Bewertung............................ 45
        2.4.4   Gewinne und Verluste............................ 48
        2.4.5   Zuwendungen der öffentlichen Hand............... 49
        2.4.6   Angaben 49
        2.4.6.1 Angabepflichten................................. 49
        2.4.6.2 Praktische Beispiele 52
    2.5   Unterschiede zum HGB bei der Behandlung der Vorräte..... 58
        2.5.1   Aktueller Stand................................. 58
        2.5.2   Reform des HGB 58

3 Fertigungsaufträge ... 61
- 3.1 Die Vorschriften des IAS 11 ... 61
  - 3.1.1 Begriffsbestimmungen ... 63
  - 3.1.2 Auftragserlöse und Auftragskosten ... 63
  - 3.1.3 Erfassung von Auftragserlösen und Auftragskosten ... 66
  - 3.1.4 Veränderung der Erwartungen ... 71
- 3.2 Angaben zu Fertigungsaufträgen ... 73
- 3.3 Unterschiede zum HGB ... 76
  - 3.3.1 Aktueller Stand ... 76
  - 3.3.2 Reform des HGB ... 76

4 Forderungen ... 77
- 4.1 Kreditbegriff nach IAS 39 ... 77
- 4.2 Erstmalige Bewertung nach IAS 39 ... 78
- 4.3 Wertberichtigungen nach IAS 39 ... 81
  - 4.3.1 Allgemeine Regeln ... 81
  - 4.3.2 Schätzmethoden der Praxis ... 85
    - 4.3.2.1 Die percentage-of-sales-method ... 5
    - 4.3.2.2 Die aging method ... 5
- 4.4 Ausbuchung einer Forderung ... 86
- 4.5 Kreditrisiko nach IFRS 7 ... 88
- 4.6 Einzelwertberichtigungen ... 90
- 4.7 Pauschalwertberichtigungen ... 98
- 4.8 Wertberichtigung von Länderrisiken ... 99
  - 4.8.1 Politische Risiken ... 100
    - 4.8.1.1 Innenpolitisches Risiko ... 100
    - 4.8.1.2 Außenpolitisches Risiko ... 101
  - 4.8.2 Wirtschaftliche Risiken ... 101
  - 4.8.3 Erfassungsmodelle des Länderrisikos ... 102
- 4.9 Unterschiede zum HGB ... 103
  - 4.9.1 Aktueller Stand ... 103
  - 4.9.2 Reform des HGB ... 104

5 Empirische Analyse ... 105
- 5.1 Vorräte ... 108
  - 5.1.1 Allgemeine Aussagen ... 108
  - 5.1.2 Unterteilung der Vorräte ... 112
  - 5.1.3 Angaben zur Bewertung der Vorräte ... 114
- 5.2 Fertigungsaufträge ... 118
- 5.3 Forderungen ... 124
  - 5.3.1 Nichtbanken ... 124
  - 5.3.2 Bankspezifische Analyse ... 132
    - 5.3.2.1 Nettozuführungsquote ... 132

    5.3.2.2 Ausfallquote 133
    5.3.2.3 Bestandsquote. 134

Fazit/Ausblick. 137

Literaturverzeichnis. 139

Stichwortverzeichnis 141

Abbildungsverzeichnis

Abb. 1-1:	Abgrenzung von biologischen Vermögenswerten, landwirtschaftlichen Erzeugnissen und Produkten, die das Ergebnis der Verarbeitung nach der Ernte darstellen.	44
Abb. 1-2:	Herstellungskosten nach Handels- und Steuerrecht sowie nach IFRS und US-GAAP	59
Abb. 3-1:	Ausbuchung einer Forderung (bzw. eines finanziellen Vermögenswertes)	87
Abb. 4-1:	Segmentierung der börsennotierten Unternehmen.	105
Abb. 4-2:	Anteil der Forderungen an der Bilanzsumme mit Nennung ausgewählter Unternehmen	110
Abb. 4-3:	Anteil der Forderungen an der Bilanzsumme mit Nennung ausgewählter Unternehmen	125

Tabellenverzeichnis

Tab. 3-1:	Ausschnitt aus der Gewinn- und Verlustrechnung der HypoVereinsbank (Geschäftsbericht 2004, S. 109; Geschäftsbericht 2005, S. 105)	92
Tab. 3-2:	Rating und Eigenkapitalquoten	97
Tab. 3-3:	Moody's Ratings 1970–1998 (in % in Abhängigkeit des Ratings und der Laufzeit)	98
Tab. 3-4:	Die Länderbonität für 2006 des Institutional Investor (Quelle: Handelsblatt vom 21.04.2006, S. 28)	103
Tab. 4-1:	Aufteilung der Branchen in Cluster	106
Tab. 4-2:	Untersuchte Unternehmen mit Cluster-Zuordnung	108
Tab. 4-3:	Anteile der Vorräte an der Bilanzsumme nach Clustern	108
Tab. 4-4:	Anteil der Vorräte an der Bilanzsumme	112
Tab. 4-5:	Unterteilung der Vorräte im Anhang	113
Tab. 4-6:	Unternehmen mit zum Nettoveräußerungswert bewerteten Vorräten	116
Tab. 4-7:	Wertminderungen in der betrachteten Periode in den Vorräten	117
Tab. 4-8:	Unternehmen mit Wertaufholungen bei Vorräten in Mio. €	118
Tab. 4-9:	Unternehmen mit Fertigungsaufträgen	119
Tab. 4-10:	Anteil der Unternehmen mit ausgewiesenen Fertigungsaufträgen nach Clustern	119
Tab. 4-11:	Anteil der Fertigungsaufträge an den Umsatzerlösen	120
Tab. 4-12:	Erhaltene Anzahlungen bei Fertigungsaufträgen	122
Tab. 4-13:	Fertigungsaufträge mit aktivischem und passivischem Saldo	124
Tab. 4-14:	Anteile der Forderungen an der Bilanzsumme nach Clustern	124
Tab. 4-15:	Anteile der Forderungen an der Bilanzsumme nach Unternehmen	127
Tab. 4-16:	Wertminderungen auf Forderungen	128
Tab. 4-17:	Verhältnis Wertberichtigungen zu Jahresergebnis	130
Tab. 4-18:	Methoden zur Ermittlung der Wertberichtigungen	131
Tab. 4-19:	Kreditvolumen 2006	132
Tab. 4-20:	Nettozuführungsquote 2006	133

Tab. 4-21: Ausfallquote 2006 134
Tab. 4-22: Bestandsquote 2006 135

1 Vorräte

Leitfragen

- Wie werden Vorräte nach IFRS behandelt?
- Welche bilanzpolitischen Möglichkeiten bestehen bei Vorräten?
- Welche Anhangangaben sind zu machen?

Die **Vorratsbewertung** ist aus verschiedenen Gründen hochkomplex. Hierzu zählen der hohe Umfang an Aktivitäten in diesem Bilanzposten und die verschiedenen zulässigen Verbrauchsfolgeverfahren.[1] Im Wesentlichen gilt es im Rahmen der Vorratsbewertung folgende Fragen zu beantworten:[2]

- Wann sind die Posten des Vorratsvermögens in die Bilanz aufzunehmen?
- Welcher Teil der für die Vorräte entstandenen Kosten sind in die Bewertung einzubeziehen?
- Welche Fiktionen für die Verbrauchsfolge sind anzuwenden?
- Welchen Nettoveräußerungswert haben die Vorräte?

1.1 Vorratsbewertung nach IAS 2

1.1.1 Definition von Vorräten nach IAS 2

Der IAS 2 ist für die Bewertung von Vorräten anzuwenden. Zu den Vorräten zählen Vermögenswerte[3]

- die zum Verkauf im normalen Geschäftsgang gehalten werden,
- die sich in der Herstellung für einen solchen Verkauf befinden; oder
- die als Roh-, Hilfs- und Betriebsstoffe dazu bestimmt sind, bei der Herstellung oder Erbringung von Dienstleistungen verbraucht zu werden.

Folgende Vorräte werden nicht nach dem IAS 2 behandelt:[4]

- unfertige Erzeugnisse im Rahmen von Fertigungsaufträgen (vgl. Kapitel zu Fertigungsaufträgen),

---

1 Vgl. Peemöller (2007), S. 243.
2 Vgl. Peemöller (2007), S. 243.
3 IAS 2.6.
4 IAS 2.2.

- Finanzinstrumente (vgl. IAS 39) sowie
- biologische Vermögenswerte, die mit landwirtschaftlicher Tätigkeit und landwirtschaftlicher Produktion zum Zeitpunkt der Ernte im Zusammenhang stehen (vgl. IAS 41).

Ebenso werden folgende Vorräte aus der Bewertung des IAS 2 ausgeschlossen:[5]
- Vorräte von Erzeugern land- und forstwirtschaftlicher Erzeugnisse, landwirtschaftlichen Produktionen nach der Ernte sowie Mineralien und mineralischen Stoffen jeweils insoweit, als diese Erzeugnisse in Übereinstimmung mit der gut eingeführten Praxis ihrer Branche mit dem Nettoveräußerungswert bewertet werden. Werden solche Vorräte mit dem Nettoveräußerungswert bewertet, werden Wertänderungen in der Gewinn- und Verlustrechnung in der Berichtsperiode der Änderung erfasst. Solche Vorräte werden in bestimmten Stadien der Erzeugung mit dem Nettoveräußerungswert bewertet. Dies ist beispielsweise dann der Fall, wenn landwirtschaftliche Erzeugnisse geerntet oder Mineralien gefördert worden sind und ihr Verkauf durch ein Termingeschäft oder eine staatliche Garantie gesichert ist; des Weiteren, wenn ein aktiver Markt besteht, auf dem das Risiko der Unverkäuflichkeit vernachlässigt werden kann. Diese Vorräte sind nur von den Bewertungsvorschriften dieses Standards ausgeschlossen.[6]
- Vorräte von Warenmaklern/-Händlern, die ihre Vorräte mit dem Nettoveräußerungswert abzüglich der Vertriebsaufwendungen bewerten. Werden solche Vorräte mit dem Nettoveräußerungswert abzüglich der Vertriebsaufwendungen bewertet, werden die Wertänderungen in der Gewinn- und Verlustrechnung in der Berichtsperiode der Änderung erfasst.[7]

Vorräte umfassen[8]
- zum Weiterverkauf erworbene Waren, wie beispielsweise von einem Einzelhändler zum Weiterverkauf erworbene Handelswaren,
- Grundstücke und Gebäude, die zum Weiterverkauf gehalten werden,
- hergestellte Fertigerzeugnisse und unfertige Erzeugnisse sowie
- Roh-, Hilfs- und Betriebsstoffe vor Eingang in den Herstellungsprozess.

Im Falle eines Dienstleistungsunternehmens beinhalten Vorräte die Kosten der Leistungen wie in Paragraph 19 beschrieben, für die das Unternehmen noch keine entsprechenden Erlöse vereinnahmt hat (siehe IAS 18 *Erträge*).[9]

Vorräte werden mit dem niedrigeren Wert aus Anschaffungs- oder Herstellungskosten und Nettoveräußerungswert bewertet:[10]

---

5 IAS 2.3.
6 IAS 2.4.
7 IAS 2.5.
8 IAS 2.8.
9 IAS 2.8.
10 IAS 2.9.

- der Nettoveräußerungswert ist der geschätzte, im normalen Geschäftsgang erzielbare Verkaufserlös abzüglich der geschätzten Kosten bis zur Fertigstellung und der geschätzten notwendigen Vertriebskosten.[11]
- die Anschaffungs- oder Herstellungskosten umfassen alle Kosten des Erwerbs und der Herstellung sowie sonstige Kosten, die angefallen sind, um die Vorräte an ihren derzeitigen Ort und in ihren derzeitigen Zustand zu versetzen.[12]

Eine alternativ zulässige Methode, wie bei Sachanlagen und als Finanzinvestition gehaltene Immobilien, wo die Bewertung auch zum Marktzeitwert erfolgen darf,[13] ist für Vorräte nicht erlaubt.

Beispiel:
Bei der Polarbär-AG liegen 10.000 Motoren aus dem Vorjahr auf Lager. Die Herstellungskosten betrugen 28.000 € pro Stück. Der Nettoveräußerungswert beträgt 25.000 € pro Stück.
Die 10.000 Motoren sind damit um 3.000 € pro Stück und damit aggregiert 30 Mio. € abzuwerten.

Beispiel:
Die Alpha-AG hält halbfertige Motoren auf Lager. Diese sind mit Herstellungskosten von 13.000 € bewertet. Bis zur Fertigstellung fallen noch erwartete Kosten von 5.000 € an. Ebenso werden Vertriebskosten von 1.000 € erwartet, um die Hybridmotoren verkaufen zu können. Der erwartete Verkaufserlös für diese Motoren beträgt 18.000 €.
Da der Nettoveräußerungspreis abzüglich erwarteter Fertigstellungs- und Vertriebskosten zu berechnen ist, beträgt dieser 18.000 € − 5.000 € − 1.000 € = 12.000 €. Der Nettoveräußerungspreis liegt damit unter den Herstellungskosten von 13.000 €, so dass eine Abwertung vorzunehmen ist.

1.1.2 Begriffsabgrenzungen

Im IAS 2 werden die folgenden Begriffe mit der angegebenen Bedeutung verwendet:[14]
- **Vorräte** sind Vermögenswerte,
    - (a) die zum Verkauf im normalen Geschäftsgang gehalten werden;
    - (b) die sich in der Herstellung für einen solchen Verkauf befinden; oder

---

11 IAS 2.6.
12 IAS 2.10.
13 Vgl. Wobbe (2008).
14 IAS 2.6.

1 Vorräte

- (c) die als Roh-, Hilfs- und Betriebsstoffe dazu bestimmt sind, bei der Herstellung oder der Erbringung von Dienstleistungen verbraucht zu werden.
- Der **Nettoveräußerungswert** ist der geschätzte, im normalen Geschäftsgang erzielbare Verkaufserlös abzüglich der geschätzten Kosten bis zur Fertigstellung und der geschätzten notwendigen Vertriebskosten.
- Der **beizulegende Zeitwert** ist der Betrag, zu dem zwischen sachverständigen, vertragswilligen und voneinander unabhängigen Geschäftspartnern ein Vermögenswert getauscht oder eine Schuld beglichen werden könnte.

Ausdrücklich wird darauf hingewiesen, dass der Nettoveräußerungswert ein unternehmensspezifischer Wert ist, der beizulegende Zeitwert aber nicht. Letzterer ist ein Marktpreis.[15]

Bilanzpolitische Perspektive

Da der Nettoveräußerungswert als unternehmensindividueller Wert definiert ist, können Unternehmen damit kurzfristig den Buchwert der Vorräte (massiv) beeinflussen. Dazu ist der Nettoveräußerungswert hoch zu schätzen, womit Abschreibungen vermeidbar sind oder nur in einem geringeren Ausmaß zu bilden sind.

Zu den Vorräten zählen auch:[16]
- zum Weiterverkauf erworbene Waren, wie beispielsweise von einem Einzelhändler zum Weiterverkauf erworbene Handelswaren,
- Grundstücke und Gebäude, die zum Weiterverkauf gehalten werden,
- vom Unternehmen hergestellte Fertigerzeugnisse und unfertige Erzeugnisse,
- Roh-, Hilfs- und Betriebsstoffe vor Eingang in den Herstellungsprozess sowie
- im Falle eines Dienstleistungsunternehmens die Kosten der Leistungen wie in Kapitel 2.1.4 nach IAS 2.19 beschrieben, für die das Unternehmen noch keine entsprechenden Erlöse vereinnahmt hat.

1.1.3 Anschaffungs- oder Herstellungskosten

Die Kosten des Erwerbs umfassen den Kaufpreis, Einfuhrzölle und andere Steuern (sofern es sich nicht um solche handelt, die das Unternehmen später von den Steuerbehörden zurückerlangen kann), Transport- und Abwicklungskosten sowie sonstige Kosten, die dem Erwerb von Fertigerzeugnissen, Materialien und Leis-

---

15 IAS 2.7.
16 IAS 2.8.

tungen unmittelbar zugerechnet werden können. Skonti, Rabatte und andere vergleichbare Beträge werden bei der Ermittlung der Kosten des Erwerbes abgezogen.[17]

Zu den Herstellungskosten von Vorräten zählen zum einen die Kosten, die den Produktionseinheiten direkt zuzurechnen sind, wie beispielsweise Fertigungslöhne. Zum anderen umfassen sie systematisch zugerechnete fixe und variable Produktionsgemeinkosten, die bei der Verarbeitung der Ausgangsstoffe zu Fertigerzeugnissen anfallen. Zu den Produktionsgemeinkosten werden etwa Abschreibungen und Instandhaltungskosten von Betriebsgebäuden und -einrichtungen sowie die Kosten des Managements und der Verwaltung gerechnet, aber auch Materialgemeinkosten und Fertigungsgemeinkosten.[18] Entscheidend ist dabei grundsätzlich die Normalkapazität, die für die Berechnung der Gemeinkosten zu unterstellen ist.[19] Damit soll ein überhöhter Ansatz der Vorräte verhindert werden, was letztlich aber auch durch den Niederstwerttest mit dem Verkaufspreis sichergestellt werden könnte.

Beispiel:
Die Alpha-AG hat im vergangenen Jahr 10.000 Motoren hergestellt und davon 8.000 Motoren verkauft. Dabei fielen Fertigungsgemeinkosten von 10 Mio. € und Materialgemeinkosten von 3 Mio. € an. Die Anlagen sind auf eine Fertigungskapazität von 20.000 Motoren ausgelegt.
Bei Auslastung mit der Normalkapazität entstehen damit Gemeinkosten pro Stück von $\frac{13 \text{ Mio. €}}{20.000 \text{ Stück}}$ = 650 €/Stück. Diese 650 €/Stück sind für die Bewertung der auf Lager genommenen Motoren entscheidend. Diese werden mit 650 €/Stück × 2.000 Stück = 1,3 Mio. € Gemeinkosten bewertet zuzüglich der sonstigen den Motoren nach IAS 2 zuzurechnenden Kosten.

Beispiel:
Gegeben sind die folgenden Daten für die Motoren einer neuen Generation der Alpha-AG, wobei die Gemeinkosten grundsätzlich eine angemessene Höhe aufweisen: Materialeinzelkosten: 160.000 €, Materialgemeinkosten: 200.000 €, Fertigungseinzelkosten: 400.000 €, Fertigungsgemeinkosten: 370.000 €, allgemeine Verwaltungskosten: 540.000 €, Verwaltungskosten des Produktionsbereichs: 270.000 €, Vertriebseinzelkosten: 50.000 €. Es findet eine Lagerbestandserhöhung statt. Produziert wurden 100 Stück, wovon 70 Stück verkauft wurden. Wie werden die Vorräte bewertet?
Nach IAS 2 bilden folgende Werte die Herstellungskosten:

---

17 IAS 2.11.
18 IAS 2.12.
19 IAS 2.13.

1 Vorräte

> Materialeinzelkosten: 160.000 €
> Materialgemeinkosten: 200.000 €
> Fertigungseinzelkosten: 400.000 €
> Fertigungsgemeinkosten: 370.000 €
> Verwaltungskosten des Produktionsbereichs: 270.000 €
> Vertriebseinzelkosten und allgemeine Verwaltungskosten dürfen nicht miteinbezogen werden. Die Herstellungskosten betragen damit 1.400.000 € und 14.000 € pro Stück. Die 30 auf Lager genommenen Motoren werden damit mit 420.000 € bewertet.

Sonstige Kosten sind in die Herstellungskosten einzubeziehen, wenn sie angefallen sind, um die Vorräte an ihren derzeitigen Ort und in ihren derzeitigen Zustand zu versetzen.[20]

Nicht in die Herstellungskosten einbezogen werden dürfen:[21]
- anormale Beträge für Materialabfälle, Fertigungslöhne oder andere Produktionskosten;
- Lagerkosten, es sei denn, dass diese im Produktionsprozess vor einer weiteren Produktionsstufe erforderlich sind;
- Verwaltungsgemeinkosten, die nicht dazu beitragen, die Vorräte an ihren derzeitigen Ort und in ihren derzeitigen Zustand zu versetzen; und
- Vertriebskosten.

Für bestimmte Vorräte erlaubt darüber hinaus der IAS 23 Fremdkapitalkosten die Aktivierung von Fremdkapitalzinsen in den Vorräten (IAS 2.17). Hierzu wird hier auf das spezielle Kapitel zum IAS 23 in Kapitel 2.2 verwiesen.

Nimmt ein Unternehmen beim Erwerb von Vorräten Zahlungsziele in Anspruch und wenn die Vereinbarung effektiv ein Finanzierungselement beinhaltet, so wird dieses Element, beispielsweise eine Differenz zwischen dem Kaufpreis mit normalem Zahlungsziel und dem bezahlten Betrag, über den Zeitraum des Zahlungsziels als Zinsaufwand erfasst.[22]

Bei Dienstleistungsunternehmen ist qua Definition nur die Bilanzierung von unfertigen Leistungen, z.B. noch nicht abgeschlossene Beratungsverträge, denkbar, da Dienstleistungen nicht lagerfähig sind. Grundsätzlich werden auch diese Vorräte mit den Herstellungskosten bewertet. Diese Kosten bestehen in erster Linie aus Löhnen und Gehältern sowie sonstigen Kosten des Personals, das unmittelbar für die Leistungserbringung eingesetzt ist; einschließlich der Kosten für die leitenden Angestellten und der zurechenbaren Gemeinkosten. Löhne und Gehälter sowie sonstige Kosten des Vertriebspersonals und des Personals der allgemeinen Verwaltung werden nicht einbezogen, sondern in der Periode ihres Anfalls als Aufwand erfasst. Herstellungskosten von Vorräten eines Dienstleistungsunternehmens umfassen weder Gewinnmargen noch nicht zuzurechnende Gemeinkosten,

---
20 IAS 2.15.
21 IAS 2.16.
22 IAS 2.18.

die jedoch oft in die von Dienstleistungsunternehmen berechneten Preise mit einbezogen werden.[23]

> **Technischer Anwendungsaspekt**
>
> Die Ermittlung der Herstellungskosten bedingt eine Kostenrechnung mit differenzierter Erfassung der Einzel- und Gemeinkosten, die die vorgeschriebene Ausgrenzung der nicht einzubeziehenden Kostenbestandteile sicherstellt. Zudem spricht die enge Verknüpfung von Kostenrechnung und Herstellungskostenermittlung auch für eine Überprüfung der bei der Kostenartenrechnung erfassten Zusatz- und Anderskosten, die für die Bewertung wieder herauszurechnen sind, da für dieses Bewertung nur aufwandsgleiche Kosten einbezogen werden dürfen.

Die Anschaffungs- oder Herstellungskosten dürfen auch mit vereinfachenden Verfahren wie der Standardkostenmethode oder der retrograden Methode ermittelt werden, sofern diese Verfahren den tatsächlichen Anschaffungs- oder Herstellungskosten nahe kommen:[24]

- Standardkosten berücksichtigen die normale Höhe des Materialeinsatzes und der Löhne sowie die normale Leistungsfähigkeit und Kapazitätsauslastung. Sie werden regelmäßig überprüft und, falls notwendig, an die aktuellen Gegebenheiten angepasst.
- Die retrograde Methode wird häufig im Einzelhandel angewandt, um eine große Anzahl rasch wechselnder Vorratsposten mit ähnlichen Bruttogewinnspannen zu bewerten, für die ein anderes Verfahren zur Bemessung der Anschaffungskosten nicht durchführbar oder wirtschaftlich nicht vertretbar ist. Die Anschaffungskosten der Vorräte werden durch Abzug einer angemessenen prozentualen Bruttogewinnspanne vom Verkaufspreis der Vorräte ermittelt. Der angewandte Prozentsatz berücksichtigt dabei auch solche Vorräte, deren ursprünglicher Verkaufspreis herabgesetzt worden ist. Häufig wird ein Durchschnittsprozentsatz für jede Einzelhandelsabteilung verwendet.[25]

---

23 IAS 2.19.
24 IAS 2.21.
25 IAS 2.22.

Beispiel für die retrograde Methode:[26]

	FiFo-Methode		Durchschnittskostenmethode	
	Anschaffungskosten	Einzelhandelspreis	Anschaffungskosten	Einzelhandelspreis
Anfangsbestand	100.000 €	200.000 €	100.000 €	200.000 €
Nettokäufe	500.000 €	800.000 €	500.000 €	800.000 €
Für den Verkauf verfügbare Waren	600.000 €	1.000.000 €	600.000 €	1.000.000 €
Verkäufe zu Einzelhandelsabgabepreis		-800.000 €		-800.000 €
Endbestand zum Einzelhandelsabgabepreis		200.000 €		200.000 €
Handelsspanne	$\frac{500.000\,€}{800.000\,€} = 62,5\,\%$		$\frac{600.000\,€}{1.000.000\,€} = 60,0\,\%$	
Endbestand zu Anschaffungskosten				
200.000 × 0,625		125.000 €		
200.000 × 0,6				120.000 €

Generell sind Vorräte einzeln zu bewerten,[27] nur bei einer großen Anzahl von Vorräten kann zur Vereinfachung die Durchschnittsmethode oder die FiFo-Methode (first in – first out) angewendet werden, wobei für alle Vorräte, die von ähnlicher Beschaffenheit und Verwendung für das Unternehmen sind, das gleiche Zuordnungsverfahren anzuwenden ist.[28] Das Lifo-Verfahren (last in – first out) ist nach IFRS ebenso verboten wie andere Verbrauchsfolgeverfahren wie Hifo (highest in – first out).[29] Bei der Durchschnittsmethode ist sowohl die permanente als auch die periodische Durchschnittsmethode verwendbar.[30] Es wird ausdrücklich

---

26 Quelle: Peemöller (2007), S. 261; zu einem Beispiel mit Niederstwert vgl. Peemöller (2007), S. 262.
27 IAS 2.23.
28 IAS 2.25.
29 Die Lifo-Methode wurde im Rahmen des Improvements Project in 2003 verboten; vgl. auch Hoffmann (2007a), Rz. 9.
30 IAS 2.27

darauf hingewiesen, dass es nicht ausreichend ist, dass Vorräte an unterschiedlichen geografischen Standorten gehalten werden, um die Anwendung unterschiedlicher Zuordnungsverfahren zu rechtfertigen.[31]

Daten des Ausgangsbeispiels:
Materialbestandskonto Aluminium in Tonnen
Anfangsbestand 1.000 t zu 2.500 €
05.04. Zugang 500 t zu 2.800 €
18.04. Zugang 1.000 t zu 2.700 €

03.04. Abgang 250 t
09.04. Abgang 210 t
16.04. Abgang 290 t
25.04. Abgang 260 t
28.04. Abgang 190 t

Endbestand 1.300 t

Bei der Fifo-Methode wird unterstellt, dass die zuerst erworbenen oder hergestellten Güter auch zuerst verbraucht werden (z. B. Lagerung in einem Silo).

Berechnung zum Ausgangsbeispiel:
Abgang 03.04. 250 t × 2.500 € = 625.000 €
Abgang 09.04. 210 t × 2.500 € = 525.000 €
Abgang 16.04. 290 t × 2.500 € = 725.000 €
Abgang 25.04. 260 t davon: 250 t × 2.500 € = 625.000 €
 10 t × 2.800 € = 28.000 €
Abgang 28.04. 190t × 2.800 € = 532.000 €
Materialverbrauch insgesamt: 3.060.000 €

Permanente Durchschnittswertermittlung:
Berechnung zum Ausgangsbeispiel:
Anfangsbestand 01.04. 1.000 t × 2.500 € = 2.500.000,– €
Abgang 03.04. 250 t × 2.500 € = 625.000,– €
Summe 750 t 1.875.000,– €
Zugang 05.04. 500 t × 2.800 € = 1.400.000,– €
Summe 1.250 t 3.275.000,– € (=2.620 €/t)
Abgang 09.04. 210 t × 2.620 € = 550.200,– €
Abgang 16.04. 290 t × 2.620 € = 759.800,– €
Summe 750 t 1.965.000,– €

---

31 IAS 2.26.

1 Vorräte

> Zugang 18.04. 1.000 t × 2.700 € = 2.700.000,– €
> Summe 1.750 t 4.665.000,– € (=2.665,71 €/t)
> Abgang 25.04. 260 t × 2.665,71 € = 693.086,– €
> Abgang 28.04 190 t × 2.665,71 € = 506.486,– €
> Endbestand 30.04. 1.300 t 3.465.428,– € (=2.665,71 €/t)

Bei jedem Materialzugang wird ein neuer Durchschnittswert berechnet, zu dem der Verbrauch bewertet wird. Ändert sich der Durchschnittswert nach einem Zugang, so erfolgt der Verbrauch dann zu dem neu berechneten Wert. Der gesamte Materialverbrauch beträgt bei der permanenten Durchschnittswertermittlung: 3.134.572 €.

Die periodische Durchschnittswertermittlung:

> **Berechnung zum Ausgangsbeispiel**:
> Anfangsbestand 01.04. 1.000 t × 2.500 € = 2.500.000,– €
> Zugang 05.04. 500 t × 2.800 € = 1.400.000,– €
> Zugang 18.04. 1.000 t × 2.700 € = 2.700.000,– €
> Summe = 2.500 t = 6.600.000,– €
> (= 2.640 € je t)

Jeder Verbrauch wird in der Abrechnungsperiode mit 2.640,– € je Tonne bewertet, d. h. der Materialverbrauch beläuft sich auf 1.200 t × 2.640,– €/t = 3.168.000 €.

Da der Durchschnittswert erst am Ende der Periode ermittelt werden kann, existieren zwei Möglichkeiten zur Materialbewertung:
– Während der Periode wird der Materialverbrauch nur mengenmäßig erfasst und die Bewertung am Ende der Periode nachgeholt.
– Die Bewertung erfolgt während der Periode zum Durchschnittswert der Vorperiode, am Ende erfolgt eine Korrektur evtl. Preisdifferenzen.

Vorräte werden mit Ausnahme von Wertminderungen und Wertaufholungen erst dann aufwandswirksam erfasst, wenn sie zu Erträgen geführt haben.[32] Auch eine Einbeziehung in andere Vermögenswerte ist möglich, wobei in diesem Fall eine Aufwandserfassung über die Nutzungsdauer erfolgt.[33]

Bilanzpolitische Perspektive

Durch die Wahl des Verbrauchsfolgeverfahrens lassen sich die Vorräte durch die nur wenigen Alternativen bei den Berechnungsmethoden in einem geringen Umfang bilanzpolitisch beeinflussen, da zwischen Fifo und der Durchschnittsmethode – unabhängig von der permanenten oder der periodischen Durchschnittsmethode – in der Regel nur geringe Unterschiede bestehen.

---

32 IAS 2.34.
33 IAS 2.35.

Ein Wechsel zwischen den Bilanzierungs- und Bewertungsmethoden ist nicht gestattet. IAS 8.13 schreibt vor: „Ein Unternehmen hat seine Bilanzierungs- und Bewertungsmethoden für ähnliche Geschäftsvorfälle, sonstige Ereignisse und Bedingungen stetig auszuwählen und anzuwenden, es sei denn, ein Standard oder eine Interpretation erlaubt bzw. schreibt die Kategorisierung von Sachverhalten vor, für die andere Bilanzierungs- und Bewertungsmethoden zutreffend sind. Sofern ein Standard oder eine Interpretation eine derartige Kategorisierung vorschreibt oder erlaubt, so ist eine geeignete Bilanzierungs- und Bewertungsmethode auszuwählen und stetig für jede Kategorie anzuwenden." Die Bilanzierungs- und Bewertungsmethoden dürfen nur dann geändert werden, wenn die Änderung[34]

(a) aufgrund eines Standards oder einer Interpretation erforderlich ist; oder

(b) dazu führt, dass der Abschluss zuverlässige und relevantere Informationen über die Auswirkungen von Geschäftsvorfällen, sonstigen Ereignissen oder Bedingungen auf die Vermögens-, Finanz- oder Ertragslage oder Cashflows des Unternehmens vermittelt.

1.1.4 Der Nettoveräußerungswert von Vorräten

Der Nettoveräußerungswert ist in Abgrenzung zum beizulegenden Zeitwert zu sehen. Der beizulegende Zeitwert ist der Betrag, zu dem zwischen sachverständigen, vertragswilligen und voneinander unabhängigen Geschäftspartnern ein Vermögenswert getauscht oder eine Schuld beglichen werden könnte.[35] Dagegen bezieht sich der Nettoveräußerungswert auf den Nettobetrag, den ein Unternehmen aus dem Verkauf der Vorräte im Rahmen der gewöhnlichen Geschäftstätigkeit zu erzielen erwartet. Damit ist der Nettoveräußerungswert ein unternehmensspezifischer Wert; der beizulegende Zeitwert ist es nicht. Der Nettoveräußerungswert von Vorräten kann von dem beizulegenden Zeitwert abzüglich Vertriebskosten abweichen.[36] Konkret denkbar ist, dass ein Unternehmen aufgrund einer Hochpreisstrategie höhere bzw. aufgrund einer Tiefpreisstrategie niedrigere Preise als den Marktpreis verlangt.

Die im HGB auch relevanten Wiederbeschaffungskosten, d. h. die zusätzliche beschaffungsmarktorientierte Betrachtung, sind nach den IFRS nicht notwendig zu betrachten, da diese streng absatzmarktorientiert sind.[37]

---

34 IAS 8.14.
35 IAS 2.6.
36 IAS 2.7.
37 Vgl. auch Hoffmann (2007a), Rz. 13.

1 Vorräte

Der Nettoveräußerungswert wird dabei verwendet, da die Vorräte nicht mit höheren Beträgen angesetzt werden sollen, als bei ihrem Verkauf oder Gebrauch voraussichtlich zu realisieren sind.[38] Gründe für solche Wertminderungen sind:[39]
- Beschädigungen,
- teilweise oder vollständige Überalterung,
- Rückgang der Verkaufspreise oder
- Der Anstieg der weiteren Herstellungskosten bis zur Marktfähigkeit der Vorräte.

Im Regelfall werden Wertminderungen von Vorräten auf den Nettoveräußerungswert in Form von Einzelwertberichtigungen gebildet. In Einzelfällen kann es jedoch sinnvoll sein, ähnliche oder miteinander zusammenhängende Vorräte zusammenzufassen. Dies kann etwa bei Vorräten der Fall sein, die derselben Produktlinie angehören und einen ähnlichen Zweck oder Endverbleib haben, in demselben geografischen Gebiet produziert und vermarktet werden und praktisch nicht unabhängig von anderen Gegenständen aus dieser Produktlinie bewertet werden können. Eine Wertminderung auf der Grundlage einer Untergliederung, wie zum Beispiel Fertigerzeugnisse oder Vorräte eines bestimmten Industriezweiges oder eines bestimmten geografischen Segmentes, sind nicht erlaubt. Dienstleistungsunternehmen erfassen im Allgemeinen die Herstellungskosten für jede mit einem gesonderten Verkaufspreis abzurechnende Leistung. Aus diesem Grund wird jede derartige Leistung als ein gesonderter Gegenstand des Vorratsvermögens behandelt.[40]

Der Nettoveräußerungswert basiert auf den verlässlichsten substanziellen Hinweisen, die zum Zeitpunkt der Schätzungen im Hinblick auf den für die Vorräte voraussichtlich erzielbaren Betrag verfügbar sind. Diese Schätzungen berücksichtigen Preis- oder Kostenänderungen, die in unmittelbarem Zusammenhang mit Vorgängen nach der Berichtsperiode stehen insoweit, als diese Vorgänge Verhältnisse aufhellen, die bereits am Ende der Berichtsperiode bestanden haben.[41] Wenn beispielsweise abgeschlossene Liefer- und Leistungsverträge bestehen, basiert der Nettoveräußerungswert auf den vertraglich vereinbarten Preisen, ansonsten auf allgemeinen Verkaufspreisen.[42]

Roh-, Hilfs- und Betriebsstoffe werden nicht unter ihre Anschaffungs- oder Herstellungskosten wertgemindert, wenn die Fertigerzeugnisse, in die sie eingehen, voraussichtlich zu den Herstellungskosten oder darüber verkauft werden können. Wenn jedoch ein Preisrückgang für diese Stoffe darauf hindeutet, dass die Herstellungskosten der Fertigerzeugnisse über dem Nettoveräußerungswert liegen, werden die Stoffe auf den Nettoveräußerungswert abgewertet. Unter die-

---

38 IAS 2.28.
39 IAS 2.28; vgl. auch Hoffmann (2007a), Rz. 10.
40 IAS 2.29.
41 IAS 2.30.
42 IAS 2.31.

sen Umständen können die Wiederbeschaffungskosten für die Stoffe die beste verfügbare Bewertungsgrundlage für den Nettoveräußerungswert sein.[43]

Sofern der Nettoveräußerungswert gegenüber einer Vorperiode wieder ansteigt, ist eine Wertaufholung bis zur Höhe der Anschaffungs- oder Herstellungskosten vorzunehmen.[44]

> **Beispiel**:
> Die Alpha-AG hat Vorräte im vergangenen Jahr auf 1.000.000 € bei Anschaffungskosten von 1.500.000 € abgewertet. Im folgenden Jahr steigt der Nettoveräußerungswert auf 1.600.000 €. Der niedrigere Wert von 1.500.000 € und 1.600.000 € sind die Anschaffungskosten, auf die wieder zugeschrieben wird.

Die Zuschreibung hat dabei als Verminderung des Materialaufwandes zu erfolgen (IAS 2.34).

> **Fortsetzung des Beispiels**:
> Die Alpha-AG hat insgesamt einen Materialaufwand von 34 Mio. €. Durch die Zuschreibung der Vorräte von 1 Mio. € auf 1,5 Mio. € sinkt der Materialaufwand damit auf 33,5 Mio. €.

Diese Vorschrift erscheint bei Anwendung des Umsatzkostenverfahrens sachgemäß, da die Materialaufwendungen dann in den in der Gewinn- und Verlustrechnung ausgewiesenen Herstellungskosten untergehen. Bei Anwendung des Gesamtkostenverfahrens erscheint dieses Vorgehen aber insbesondere bei Fertigerzeugnissen wenig sinnvoll zu sein, da so Aussagen über die Materialintensität durch aperiodische Effekte verwässert werden.

Da es für Vorräte eine eigene Regel für Wertminderungen gibt, gelten die allgemeinen Regeln für Wertminderungen im IAS 36 für Vorräte nicht.[45]

Im Ergebnis wird die Bewertung nach IFRS mit der nach HGB als vergleichbar angesehen.[46]

1.1.5 Kuppelprodukte

Bei Kuppelprodukten sind die Herstellungskosten auf einer vernünftigen und sachgerechten Basis den einzelnen Produkten zuzuordnen. Die Verteilung kann beispielsweise auf den jeweiligen Verkaufswerten der Produkte basieren, und zwar entweder in der Produktionsphase, in der die Produkte einzeln identifizierbar werden, oder nach Beendigung der Produktion. Die meisten Nebenprodukte

---

43 IAS 2.32.
44 IAS 2.33.
45 IAS 36.2.
46 Vgl. Hoffmann (2007a), Rz. 13.

sind ihrer Art nach unbedeutend. Wenn dies der Fall ist, werden sie häufig zum Nettoveräußerungswert bewertet und dieser Wert wird von den Herstellungskosten des Hauptproduktes abgezogen.[47]

> **Beispiel:**
> Die X-AG stellt in einem Produktionsprozess zwei Güter A und B her. B ist ein Nebenprodukt, das zwangsläufig in der Produktion anfällt. Insgesamt fallen für die Produktion Kosten von 2 Mio. € an. B kann für 50.000 € verkauft werden. Herstellungskosten von B sind damit 50.000 € und für A 1.950.000 €.

Bei einer Kuppelproduktion (verbundene Produktion), gehen aus demselben Produktionsprozess technisch zwangsläufig mehrere verschiedene Erzeugnisse (z.B. flüssiges Alu, Wärme, Krätze bei der Vorschmelzerei) hervor. Da eine verursachungsgerechte Zuordnung der Kosten nicht möglich ist, ist es das Ziel der Kuppelkalkulation, die Verteilung der Gesamtkosten des Kuppelprozesses auf die einzelnen Kuppelprodukte, mittels Durchschnitts- oder Tragfähigkeitsprinzip vorzunehmen.

Das Problem der Kalkulation von Kuppelprodukten liegt darin, dass sich die anfallenden Kosten nicht den einzelnen Kuppelerzeugnissen zurechnen lassen, sondern nur dem gesamten Kuppelprozess. Es liegt also ein eindeutiges Gemeinkostenproblem vor, das sich durch keine bekannte Kalkulationsmethode theoretisch richtig lösen lässt.

Generell gibt es verschiedene Methoden der Kalkulation von Kuppelprodukten. Dies sind die Restwertrechnung und die Verteilungsrechnung.

1.1.5.1 Restwertrechnung

Ist es möglich, die verschiedenen Kuppelprodukte in ein Hauptprodukt und in Nebenprodukte (oder Abfallprodukte) einzuteilen, so wird als Kalkulationsverfahren die Restwertrechnung (Subtraktionsmethode) angewandt. Als Hauptprodukt wird die Produktart aufgefasst, die im Vergleich zu den anderen Produktarten eine größere ökonomische Bedeutung aufweist. Kriterien können beispielsweise Preise und/oder Absatzmengen sein.

Zunächst werden dabei die Gesamtkosten der Kuppelproduktion erfasst. Nicht erfasst werden die Kosten, die außerhalb der Kuppelproduktion entstehen und den Produktarten direkt zugerechnet werden können, so etwa Weiterverarbeitungskosten einer Produktart.

Im nächsten Schritt werden die Nettoerlöse als Differenz zwischen dem Preis und den direkt zurechenbaren Kosten einer Produktart bestimmt.

---

47 IAS 2.14.

Von den Gesamtkosten der Kuppelproduktion werden die Nettoerlöse der Nebenprodukte subtrahiert. Die verbleibenden Kosten der Kuppelproduktion stellen die dem Hauptprodukt zugewiesenen Kosten, den Restwert, dar.

Der Restwert bzw. anteilige Restwert pro Einheit eines Hauptproduktes sollte hierbei als "noch zu deckende Kosten" des Kuppelprozesses und nicht als "Kosten" des Hauptproduktes interpretiert werden, da eben eine verursachungsgerechte Zuordnung nicht möglich ist.

Beispiel:
In der Vorschmelzerei entsteht nicht nur flüssiges Aluminium, sondern als Nebenprodukte auch Wärme.

	Direkt zurechenbare Kosten (Einzelkosten)	Kosten des Kuppelprozesses in €	Produktionsmenge in ME	Erlöse je Mengeneinheit in €/ME
Aluminium	2,23 €/kg	146.900,–	150.000 kg	–
Wärme	–		565 MWh	96,46

Lösung:

Gesamtkosten des Kuppelprozess		146.900,--
./. Nettoerlöse Wärme	96,46 × 565	- 54.500,--
= Restwert der Kuppelproduktion		= 92.400,--

Für die Berechnung der Herstellungskosten des Aluminiums wird dann im Weiteren mit den 92.400 € gerechnet.

1.1.5.2 Verteilungsrechnung

Die Verteilungsrechnung wird dann angewandt, wenn es nicht sinnvoll ist, die gekoppelten Produkte in Haupt- und Nebenprodukte zu trennen. Verteilungsmaßstäbe sind beispielsweise Mengenanteile, technische Maßstäbe oder Marktwerte (= Umsätze).

Die Vorgehensweise bei diesem Verfahren erfolgt in Anlehnung an die einstufige, summarische Äquivalenzziffernkalkulation:
- (1) Ermittlung der Gesamtkosten der Kuppelproduktion
- Nicht erfasst werden die Kosten, die außerhalb der Kuppelproduktion entstehen und den Produktarten direkt zugerechnet werden können.
- (2) Festlegung des Verteilungsmaßstabs

Entsprechend der Äquivalenzziffernkalkulation werden technische Maßstäbe, Marktpreise oder Mengenanteile als Verteilungsmaßstäbe festgelegt.

Das weitere Vorgehen erfolgt analog zur Äquivalenzziffernkalkulation. Formal kann die Verteilungsrechnung wie folgt dargestellt werden:

Formel:

$$k_i = \frac{K_K}{\sum_{j=1}^{n} a_j \cdot x_j} \cdot a_i$$

k_i: zugewiesene Stückkosten der Produktart i
a_j: Äquivalenzziffer der Produktart j, j=1,2,3, ... , i, ..., n.
x_j: Produktmenge der Produktart j
K_K: Gesamtkosten des Kuppelprozesses
a_i: Äquivalenzziffer der Produktart i

Anschließend werden zur Ermittlung der Selbstkosten die direkten Kosten jeder Kuppelproduktart hinzugerechnet.

Aufgrund des technisch-physikalischen Zusammenhangs besteht kein Bezug mehr zum Verursachungsprinzip. Jeder Maßstab zur Verteilung der Kosten ist daher willkürlich. Mengenanteile oder technischen Maßstäbe sollten wenn möglich nicht herangezogen werden, weil sie kurz-/mittelfristig unveränderlich sind. Eine Berechtigung hat die Verteilungsrechnung allein bei der Ermittlung der Herstellungskosten für die Aktivierung nach Handelsrecht, da dieses die Einzelbewertung von Gegenständen und damit eine Aufteilung der Kosten von Kuppelprodukten zwingend vorschreibt. In allen anderen Fällen müssen die Kuppelprozesskosten in ihrer Gesamtheit betrachtet werden.

In der Praxis wird die Verteilungsrechnung häufig auf der Basis von Marktwerten vorgenommen (sog. **Marktpreismethode**). In diesem Fall entspricht die Äquivalenzziffer dem Marktpreis. Es lässt sich zeigen, dass bei Verwendung dieser Äquivalenzziffer die Verteilung der Kuppelkosten allein vom relativen Umsatzanteil der jeweiligen Produkte abhängig ist (Tragfähigkeitsprinzip).

Beispiel:
Auf einer Druckgussmaschine werden bei einem Gussvorgang drei verschiedene Antriebslager gegossen. Die nachfolgende Tabelle zeigt die Herstellkosten des gesamten Kuppelprozesses, die Fertigungsmengen und die Marktpreise der einzelnen Erzeugnisarten.

Erzeugnisarten	Gesamte Herstellkosten des Kuppelprozesses in €	Herstellmengen in Stück (x)	Marktpreis je Stück in € (p)
XT4		2.500	86,–
XT5	129.000,–	2.500	52,–
XT6		5.000	17,–

Lösung:
Als erstes sind die Äquivalenzziffern als Kostenverteilungsschlüssel zu bestimmen. Die Marktpreise der Kuppelprodukte stellen die Äquivalenzziffern dar.

Erzeugnisarten	Marktpreis je Erzeugnisart (x × p) = U	Anteil an den Herstellkosten je Produktart (€)	Anteil an den Herstellkosten pro Kuppelprodukt und Stück
XT4	215.000,–	64.500,–	25,80
XT5	130.000,–	39.000,–	15,60
XT6	85.000,–	25.500,–	5,10
Summe	430.000,–	129.000,–	–

Beispielsweise für die Kuppelproduktart XT5:

$$K_{XT5} = \frac{2.500 \times 52,-}{(2.500 \times 86,- + 2.500 \times 52,- + 5.000 \times 17,-)} \times 129.000,- = 39.000,-$$

Bilanzpolitische Perspektive

Da für Kuppelprodukte keine Bewertung vorgeschrieben ist und es auch objektiv nicht eine einzige richtige Möglichkeit der Kostenverteilung gibt, lässt sich hier durch eine geeignete Wahl der Bewertungsverfahren eine deutliche Beeinflussung der Bilanzwerte erreichen. Letztlich landen zwar alle Kosten in den Herstellungskosten, nur können durch die Verrechnung auf die unterschiedlichen hergestellten Produkte/Leistungen ggf. eine Gewinnverlagerung erreicht werden (z. B. wenn den gelagerten Produkten niedrigere/höhere Kosten zugerechnet werden als den in der Perioden verbrauchten).

1.2 Einbeziehung von Fremdkapitalkosten

Fremdkapitalkosten sind in der Periode als Aufwand zu erfassen, in der sie angefallen sind.[48] Neben dieser „benchmark"-Methode der Behandlung von Fremdkapitalkosten erlaubt die alternativ zulässige Methode auch eine andere Vorgehensweise. Generell sind danach Fremdkapitalkosten grundsätzlich in der Periode erfolgswirksam als Aufwand zu erfassen, in der sie angefallen sind.[49] Eine Ausnahme besteht für solche Fremdkapitalkosten, die direkt dem Erwerb, dem Bau oder der Herstellung eines qualifizierten Vermögenswertes zugeordnet werden können. Diese sind als Teil der Anschaffungs- oder Herstellungskosten dieses Vermögenswertes zu aktivieren.[50]

Ein qualifizierter Vermögenswert ist ein Vermögenswert, für den ein beträchtlicher Zeitraum erforderlich ist, um ihn in seinen beabsichtigten gebrauchs- oder verkaufsfähigen Zustand zu versetzen.[51] Beispiele für solche qualifizierten Vermögenswerte sind:[52]

- Vorräte, für die ein beträchtlicher Zeitraum erforderlich ist, um sie in einen verkaufsfähigen Zustand zu versetzen,
- Fabrikationsanlagen,
- Energieversorgungseinrichtungen und
- als Finanzinvestitionen gehaltene Grundstücke und Bauten.

Hoffmann nennt als solche qualifizierten Vermögenswerte[53]

- Wein,
- Käse,
- Whisky,
- Industrielle Fabrikationsanlagen,
- Energieerzeugungsanlagen,
- Anlageimmobilien (investment properties) sowie
- Bestimmte biologische Vermögenswerte.

Ausgeschlossen sind damit automatisch kurzfristig hergestellte Vermögenswerte, aber auch solche die in großen Mengen hergestellt werden.

Unter Fremdkapitalkosten versteht man Zinsen und weitere im Zusammenhang mit der Aufnahme von Fremdkapital angefallene Kosten eines Unternehmens (IAS 23.4), darunter auch (IAS 23.5):

- Zinsen für Kontokorrentkredite sowie für kurz- und langfristige Kredite;
- Abschreibung von Disagien oder Agien auf Fremdkapital;
- Abschreibung von Nebenkosten, die im Zusammenhang mit der Fremdkapitalaufnahme angefallen sind;

---

48 IAS 23.7.
49 IAS 23.10.
50 IAS 23.11; vgl. auch Hoffmann (2007b), Rz. 14.
51 IAS 23.4.
52 IAS 23.6.
53 Hoffmann (2007b), Rz. 11.

- Finanzierungskosten aus Finanzierungs-Leasingverhältnissen, die gemäß IAS 17, Leasingverhältnisse, bilanziert werden; und
- Währungsdifferenzen aus Fremdwährungskrediten, soweit sie als Zinskorrektur anzusehen sind.

Die Fremdmittel, die speziell für die Beschaffung eines qualifizierten Vermögenswertes entstanden sind, bilden die Basis für die aktivierbaren Fremdkapitalkosten abzüglich der Anlageerträge, die aus der Zwischenanlage dieser Mittel erwirtschaftet werden können (IAS 23.15).

Werden Fremdmittel hingegen allgemein aufgenommen und für die Beschaffung eines qualifizierten Vermögenswertes verwendet, so ist der Betrag der aktivierbaren Fremdkapitalkosten durch Anwendung eines Finanzierungskostensatzes auf die Ausgaben für diesen Vermögenswert zu bestimmen (IAS 23.17). Als Finanzierungskostensatz ist der gewogene Durchschnitt der Fremdkapitalkosten für solche Kredite des Unternehmens zugrunde zu legen, die während der Periode bestanden haben und nicht speziell für die Beschaffung eines qualifizierten Vermögenswertes aufgenommen worden sind. Der Betrag der während einer Periode aktivierten Fremdkapitalkosten darf den Betrag der in der betreffenden Periode angefallenen Fremdkapitalkosten nicht übersteigen.

Gemäß IAS 23.20 ist die Aktivierung der Fremdkapitalkosten als Teil der Anschaffungs- und Herstellungskosten eines qualifizierten Vermögenswertes dann aufzunehmen, wenn
- Ausgaben für den Vermögenswert anfallen;
- Fremdkapitalkosten anfallen; und
- die erforderlichen Arbeiten begonnen haben, um den Vermögenswert für seinen beabsichtigten Gebrauch oder Verkauf herzurichten.

Sofern die Entwicklung über einen längeren Zeitraum unterbrochen ist, ist die Aktivierung von Fremdkapitalkosten auszusetzen (IAS 23.23). Sie ist zu beenden, wenn im Wesentlichen alle Arbeiten abgeschlossen sind, um den qualifizierten Vermögenswert für seinen beabsichtigten Gebrauch oder Verkauf herzurichten (IAS 23.25).

Bilanzpolitische Perspektive

Durch eine Aktivierung von Fremdkapitalkosten lassen sich Aufwendungen in die Zukunft verschieben.

Fremdkapitalkosten: Erstreckt sich die Herstellung von Vermögenswerten des Sachanlagevermögens über einen Zeitraum von mehr als einem Jahr, werden die bis zur Fertigstellung anfallenden direkt zurechenbaren Fremdkapitalkosten als Teil der Herstellungskosten aktiviert. Fremdkapitalkosten werden bis zu dem Zeitpunkt aktiviert, ab dem die Vermögenswerte für ihre vorgesehene Nutzung bereit sind. Alle sonstigen Fremdkapitalkosten werden in der Periode ihres Anfalls erfolgswirksam erfasst. (BASF, Geschäftsbericht 2006, S. 107)

Zu den Fremdkapitalkosten ist die angewandte Bilanzierungsmethode anzugeben, wenn die Benchmarkmethode gewählt wird (IAS 19.9). Wird die alternativ zulässige Methode gewählt, so sind folgende Angaben erforderlich (IAS 19.29):
- (a) die angewandte Bilanzierungsmethode für Fremdkapitalkosten;
- (b) der Betrag der in der Periode aktivierten Fremdkapitalkosten; und
- (c) der Finanzierungskostensatz, der bei der Bestimmung der aktivierbaren Fremdkapitalkosten zugrunde gelegt worden ist.

> Die Herstellungskosten selbst erstellter Anlagen enthalten neben den direkt zurechenbaren Kosten auch angemessene Teile der Material- und Fertigungsgemeinkosten sowie der allgemeinen Verwaltungskosten der mit der Anlagenerrichtung befassten Bereiche. Finanzierungskosten werden aktiviert, soweit sie auf den Zeitraum der Herstellung entfallen. Für Gesellschaften in Deutschland wird ein Fremdkapitalkostensatz von 4,5 % zu Grunde gelegt, für ausländische Gruppengesellschaften werden vergleichbare länderspezifische Zinssätze angesetzt. (BASF, Geschäftsbericht 2006, S. 109)

Die Entwicklung von solchen Angaben kann aus den Fremdkapitalkosten für die UMTS-Lizenz bei Mobilcom abgebildet werden.

> (d) Fremdkapitalkosten
> Aufgrund der erheblichen Bedeutung der im Zusammenhang mit der Finanzierung der UMTS-Lizenz entstehenden Aufwendungen hat der Konzern die Bilanzierungsgrundsätze hinsichtlich Fremdkapitalkosten geändert. Bisher wurden Fremdkapitalkosten nicht aktiviert, sondern als laufender Aufwand erfasst. Der Konzern wird voraussichtlich nicht vor dem Jahr 2002 das UMTS-Netz in Betrieb nehmen und Umsatzerlöse damit erzielen. Die durch den Erwerb der Lizenz und den Aufbau des UMTS-Netzes anfallenden Finanzierungs- und Nebenkosten sowie zukünftige gleichartige Aufwendungen sind so erheblich, dass die Beibehaltung der bisherigen Bilanzierungspolitik zu einem wesentlichen Missverhältnis zwischen Kosten und Nutzen aus der UMTS-Lizenz und somit einer nicht zutreffenden Darstellung kommen würde. Entsprechend hat der Konzern in diesem Jahr von dem Wahlrecht Gebrauch gemacht, Fremdkapitalkosten, die direkt dem Erwerb, dem Bau oder der Herstellung eines qualifizierten Vermögenswertes zugeordnet werden können, zu aktivieren.
> Derartig qualifizierte Fremdkapitalkosten sind in vorherigen Geschäftsjahren nicht entstanden, so dass auf eine Anpassung von Vergleichswerten der Vorjahre verzichtet werden kann. (Mobilcom, Geschäftsbericht 2000, S. 56)
>
> (b) Fremdkapitalkosten
> Fremdkapitalkosten werden grundsätzlich in der Periode als Aufwand erfasst, in der sie anfallen. Bezüglich der im Zusammenhang mit dem Aufbau des UMTS-Netzes entstehenden Finanzierungskosten macht der Konzern von dem

> Wahlrecht Gebrauch, Fremdkapitalkosten, die direkt dem Erwerb, dem Bau oder der Herstellung eines qualifizierten Vermögenswertes zugeordnet werden können, zu aktivieren. Von der Ausübung des Wahlrechts wurde Gebrauch gemacht, da die Inbetriebnahme des UMTS-Netzes und damit auch die Erzielung von Umsatzerlösen voraussichtlich frühestens in der zweiten Jahreshälfte 2002 erfolgt. Somit würde die Erfassung der Fremdkapitalkosten als laufender Aufwand zu einem wesentlichen Missverhältnis der periodengerechten Zuordnung von Aufwand und Ertrag aus der UMTS-Lizenz führen. (Mobilcom, Geschäftsbericht 2001, S. 87)

In 2002 wurden die Fremdkapitalkosten hingegen nicht mehr aktiviert, da der Aktivierungsgrund entfallen ist.

> Mit Beschluss über den Rückzug aus dem UMTS-Netzbetrieb („Freezedown") erfolgten außerplanmäßige Abschreibungen der UMTS-Vermögenswerte und somit die Abschreibung der bis dahin diesen Vermögenswerten zugeordneten aktivierten Fremdkapitalkosten. (Mobilcom, Geschäftsbericht 2002, S. 69)

1.3 Angaben zu den Vorräten

Im Jahresabschluss sind u.a. folgende Angaben zu den Vorräten zu machen:[54]
- die angewandten Bilanzierungs- und Bewertungsmethoden einschließlich der Zuordnungsverfahren,
- den Gesamtbuchwert der Vorräte und die Buchwerte in einer unternehmensspezifischen Untergliederung,

14. Vorräte Millionen €	2006	2005
Roh-, Hilfs- und Betriebsstoffe	1.656,0	1.213,8
Unfertige und fertige Erzeugnisse, Waren	4.962,0	4.148,5
Geleistete Anzahlungen und unfertige Leistungen	54,4	67,9
	6.672,4	5.430,2

(BASF, Geschäftsbericht 2006, S. 136)

- den Buchwert der zum beizulegenden Zeitwert abzüglich Vertriebsaufwendungen angesetzten Vorräte

---

54 IAS 2.36.

> Von den gesamten Vorräten sind im Jahr 2006 1.528,7 Millionen € und im Jahr 2005 1.074,3 Millionen € zum Nettoveräußerungswert bewertet. (BASF, Geschäftsbericht 2006, S. 136)

- den Betrag der Vorräte, die als Aufwand in der Berichtsperiode erfasst wurden,
- den Betrag der Wertminderungen bzw. Wertaufholungen in der Berichtsperiode; bei Wertaufholungen die Umstände oder Ereignisse, die zu der Wertaufholung geführt haben;

> Im Jahr 2006 wurden Wertberichtigungen auf Vorräte von 2,7 Millionen € und im Jahr 2005 von 3,6 Millionen € erfasst. ... Zuschreibungen zu Vorräten werden vorgenommen, wenn der Grund für die Abschreibung entfallen ist. Im Jahr 2006 ergaben sich Zuschreibungen von 8,2 Millionen € und im Jahr 2005 von 35,4 Millionen €. (BASF, Geschäftsbericht 2006, S. 136)

- den Buchwert der Vorräte, die als Sicherheit für Verbindlichkeiten verpfändet sind.

Ein Beispiel für solche Angaben ist Henkel:

> (17) Vorräte
> Die Vorräte sind zu Anschaffungs- oder Herstellungskosten bewertet. Für den Unternehmensbereich Henkel Technologies sind wir im Berichtsjahr von der Optimalkostenrechnung auf eine rein vollkostenbasierte Bewertung übergegangen. Der Umbewertungseffekt belief sich auf +5 Mio. Euro. Bei der Bewertung der Vorräte kommen die FIFO- und die Durchschnittsmethode zum Ansatz.
> Die Herstellungskosten enthalten neben den Einzelkosten angemessene Teile der notwendigen Gemeinkosten (z.B. Wareneingang, Rohstofflager, Abfüllung, Kosten bis zum Fertigwarenlager) sowie herstellungsbezogene Verwaltungskosten, Kosten der Altersversorgung der Mitarbeiter, die im Produktionsprozess beschäftigt sind, und fertigungsbedingte Abschreibungen. Nicht enthalten sind hingegen Zinsaufwendungen, die auf den Herstellzeitraum entfallen.
> Abwertungen auf den Nettoveräußerungswert werden vorgenommen, wenn am Bilanztag die Buchwerte der Vorräte aufgrund von niedrigeren Börsen- oder Marktwerten zu hoch sind. Die Wertminderung, bezogen auf den Bruttowert, beträgt 32 Mio. Euro (Vorjahr: 14 Mio. Euro).
> Im Rahmen der geplanten Veräußerung des Nahrungsmittelgeschäfts von Dial sind 29 Mio. Euro aus den Vorräten in den Posten „Zur Veräußerung gehaltene Vermögenswerte" umgegliedert worden.

Struktur des Vorratsvermögens in Mio. Euro

	31.12.2004	31.12.2005
Roh-, Hilfs- und Betriebsstoffe	350	368
Unfertige Erzeugnisse	58	28
Fertige Erzeugnisse	780	830
Geleistete Anzahlungen auf Waren	8	6
Gesamt	1.196	1.232

(Anhangangaben zu den Vorräten von Henkel, Geschäftsbericht 2005, S. 84)

Zu Vorräten haben Unternehmen im Abschluss die folgenden Angaben zu machen (IAS 2.36):
- (a) die angewandten Bilanzierungs- und Bewertungsmethoden für Vorräte einschließlich der Zuordnungsverfahren;

Handelswaren sind grundsätzlich zum niedrigeren Wert aus Anschaffungskosten und dem Nettoveräußerungswert in der Bilanz angesetzt. Die Anschaffungskosten wurden in einzelnen Bereichen retrograd ausgehend vom Verkaufspreis mittels angemessener Abschläge ermittelt. Absatz- sowie modische und sonstige Risiken wurden, soweit erforderlich, im Rahmen der Bewertung zum Nettoveräußerungswert berücksichtigt. Roh-, Hilfs- und Betriebsstoffe sind zu Anschaffungskosten bzw. zu niedrigeren Tagespreisen angesetzt. (Douglas, Geschäftsbericht 2005/2006, S. 112)

Die Vorräte werden zu Anschaffungs- oder Herstellungskosten bzw. zu niedrigeren Nettoveräußerungswerten angesetzt. Die Herstellungskosten umfassen alle produktionsbezogenen Vollkosten. Dazu zählen die direkt zurechenbaren Einzelkosten, die Sondereinzelkosten der Fertigung und alle im Rahmen der Fertigung systematisch zurechenbaren fixen und variablen Gemeinkosten. Fremdkapitalkosten werden nicht als Teil der Anschaffungs- oder Herstellungskosten aktiviert. (Vossloh, Geschäftsbericht 2006, S. 109)

- (b) den Gesamtbuchwert der Vorräte und die Buchwerte in einer unternehmensspezifischen Untergliederung;
- (c) den Buchwert der zum beizulegenden Zeitwert abzüglich Vertriebsaufwendungen angesetzten Vorräte;
- (e) den Betrag von Wertminderungen von Vorräten, die gemäß Paragraph 34 in der Berichtsperiode als Aufwand erfasst worden sind;
- (f) den Betrag von vorgenommenen Wertaufholungen, die gemäß Paragraph 34 als Verminderung des Materialaufwandes in der Berichtsperiode als Aufwand erfasst worden sind;
- (g) die Umstände oder Ereignisse, die zu der Wertaufholung der Vorräte gemäß Paragraph 34 geführt haben; und

1 Vorräte

– (h) den Buchwert der Vorräte, die als Sicherheit für Verbindlichkeiten verpfändet sind.

Empfohlen wird die Untergliederung der Vorräte in die unterschiedlichen Arten, da dieses nützlich für die Adressaten der Abschlüsse ist. Als verbreitet wird die Untergliederung in Handelswaren, Roh-, Hilfs- und Betriebsstoffe, unfertige Erzeugnisse und Fertigerzeugnisse (IAS 2.37).

in T€	30.09.2006	30.09.2005
Roh-, Hilfs- und Betriebsstoffe	59.518	43.326
Unfertige Erzeugnisse	24.444	15.853
Fertige Erzeugnisse und Waren	227.648	163.896
Geleistete Anzahlungen	1.146	786
	312.756	223.861

Es wurde, soweit dies erforderlich war, der niedrigere Nettoveräußerungswert unter Berücksichtigung noch anfallender Vertriebs- und Herstellungskosten angesetzt. Der Gesamtbetrag der mit dem niedrigeren beizulegenden Wert angesetzten Vorräte belief sich am 30. September 2006 auf 43.574 T€ (i.V. 63.479 T€). Die im Aufwand in den Umsatzkosten erfassten Wertminderungen auf Vorräte betragen 10.475 T€ (i.V. 15.443 T€). (WincorNixdorf, Geschäftsbericht 2005/2006, S. 124)

Soweit die Vorräte einer Gruppenbewertung unterliegen, kommt die Durchschnittsmethode zur Anwendung. Die Bestandsrisiken, die sich aus der Lagerdauer oder einer verminderten Verwertbarkeit ergeben, werden durch entsprechende Abwertungen berücksichtigt. Die Abwertungen auf Vorratsbestände betrugen im Berichtsjahr 18,5 Mio.€ (Vorjahr: 21,7 Mio.€). Der Buchwert der zum Nettoveräußerungswert angesetzten Vorräte betrug 18,1 Mio.€ (Vorjahr: 35,4 Mio.€). Da die Gründe für eine außerplanmäßige Abschreibung entfallen sind, wurden Zuschreibungen auf Vorräte in Höhe von 0,1 Mio.€ (Vorjahr: 0,1 Mio.€) vorgenommen. (Vossloh, Geschäftsbericht 2006, S. 110)

– (d) den Betrag der Vorräte, die als Aufwand in der Berichtsperiode erfasst worden sind;

2.2. Herstellungskosten in T€	2006	Vorjahr
Herstellungskosten	618.841	509.521

> Die Herstellungskosten umfassen die Kosten der umgesetzten Produkte sowie die Einstandskosten der verkauften oder kostenlos abgegebenen Handelswaren. Des Weiteren beinhalten die Herstellungskosten entsprechend IAS 2 neben diesen Handelswaren direkt zurechenbaren Kosten wie beispielsweise Material- und Personalaufwand auch Gemeinkosten, Abschreibungen auf Produktionsanlagen sowie Abwertungen von vorhandenen Überbeständen bzw. nicht mehr gängigen Vorräten. (Stada, Geschäftsbericht 2006, S. 112)

Bei Dienstleistungsunternehmen können die Vorräte einfach als unfertige Erzeugnisse bezeichnet werden (IAS 2.37).

> Die Vorräte beinhalten ausschließlich Handelswaren.
>
> Auf die einzelnen Länder verteilen sich die Vorräte wie folgt:
>
> | Angaben in Tausend € | 31.12.2006 | 31.12.2005 |
> |---|---|---|
> | Inland | 459.837 | 491.254 |
> | Ausland | 166.146 | 144.624 |
> | Polen | 48.759 | 41.695 |
> | Rumänien | 28.512 | 19.571 |
> | Ungarn | 26.875 | 26.318 |
> | Griechenland | 26.490 | 25.243 |
> | Türkei | 15.309 | 15.763 |
> | Bulgarien | 13.371 | 9.079 |
> | Luxemburg | 6.830 | 6.955 |
> | | 625.983 | 635.878 |
>
> Die Anschaffungskosten der Vorräte werden als Aufwand angesetzt und sind mit einer Höhe von T€ 2.162.097 (2005: T€ 2.059.699) in den Einstandskosten der verkauften Waren erfasst.

> Im Berichtsjahr wurden Wertaufholungen auf die Vorräte in Höhe von T€ 2.840 (Vorjahr T€ 3.684) sowie Wertminderungen in Höhe von T€ 1.400 (Vorjahr T€ 1.452) in den Einstandskosten der verkauften Waren erfasst. (Praktiker, Geschäftsbericht 2006, S. 80).

> | 18. Vorräte in Mio. € | 30.09.2006 | 30.09.2005 |
> |---|---|---|
> | Fertige Erzeugnisse und Waren | 533,9 | 471,4 |
> | Roh-, Hilfs- und Betriebsstoffe | 9,9 | 8,5 |
> | Geleistete Anzahlungen | 0,9 | 0,3 |
> | | 544,7 | 480,2 |

1 Vorräte

> Im abgelaufenen Geschäftsjahr wurden Wertminderungen auf den Nettoveräußerungswert in Höhe von 16,7 Millionen Euro (Vorjahr: 15,6 Millionen Euro) auf die Vorräte vorgenommen. (Douglas, Geschäftsbericht 2005/2006, S. 125)

Je nachdem, ob das Unternehmen das Umsatzkostenverfahren oder das Gesamtkostenverfahren verwendet, schreiben die IAS 2.38 und IAS 2.39 vor, dass

— im Fall des Umsatzkostenverfahrens der Buchwert der Vorräte, der während der Periode als Aufwand erfasst worden ist, und der oft als Umsatzkosten bezeichnet wird, die Kosten umfasst, die zuvor Teil der Bewertung der verkauften Vorräte waren, sowie die nicht zugeordneten Produktionsgemeinkosten und anormale Produktionskosten der Vorräte. Die unternehmensspezifischen Umstände können die Einbeziehung weiterer Kosten, wie beispielsweise Vertriebskosten, rechtfertigen.

In T€	2005/2006	2004/2005
Umsatzerlöse	1.947.569	1.743.732
Herstellungskosten der zur Erzielung der Umsatzerlöse erbrachten Leistungen	-1.432.249	-1.283.746
Bruttoergebnis vom Umsatz	515.320	459.986
Forschungs- und Entwicklungskosten	-87.437	-78.007
Vertriebs- und Verwaltungskosten	-290.683	-270.619
Sonstige betriebliche Erträge	4.507	993
Sonstige betriebliche Aufwendungen	-921	-1.965
Ergebnis der betrieblichen Tätigkeit	140.786	110.388

(WincorNixdorf, Geschäftsbericht 2005/2006, S. 100)

— bei einer Gliederung für die Gewinn- und Verlustrechnung, die dazu führt, dass mit Ausnahme von den Anschaffungs- und Herstellungskosten der Vorräte, die während der Berichtsperiode als Aufwand erfasst wurden, andere Beträge angegeben werden, stellt ein Unternehmen eine Aufwandsanalyse dar, die eine auf der Art der Aufwendungen beruhenden Gliederung zugrunde legt. In diesem Fall gibt das Unternehmen die als Aufwand erfassten Kosten für Rohstoffe und Verbrauchsgüter, Personalkosten und andere Kosten zusammen mit dem Betrag der Bestandsveränderungen des Vorratsvermögens in der Berichtsperiode an.

Mio. €	2005/06	2004/05
Umsatzerlöse	5.346,5	4.826,6
Bestandsveränderungen und andere aktivierte Eigenleistungen	-45,5	175,7
Sonstige betriebliche Erträge	80,3	61,9
Materialaufwand	-3.318,9	-3.053,5

Personalaufwand	-656,5	-589,3
Abschreibungen	-237,1	-204,6
Sonstige betriebliche Aufwendungen	-771,4	-725,6
Ergebnis der Betriebstätigkeit	397,4	491,2
(Südzucker, Geschäftsbericht 2005/2006, S. 67)		

1.4 Landwirtschaftliche Vorräte

Landwirtschaftliche Vorräte werden aufgrund ihrer Besonderheit im IAS 2 ausgeschlossen und separat im IAS 41 behandelt.[55]

1.4.1 Einführung

Der IAS 41 behandelt die Regelung der Bilanzierung, der Darstellung im Abschluss und der Angabepflichten für landwirtschaftliche Tätigkeit. Landwirtschaftliche Tätigkeit wird dabei verstanden als das Management der absatzbestimmten biologischen Transformation biologischer Vermögenswerte in landwirtschaftliche Erzeugnisse oder in zusätzliche biologische Vermögenswerte durch ein Unternehmen (IAS 41.5). Anzuwenden ist der Standard auf (IAS 41.1)
− (a) biologische Vermögenswerte,
− (b) landwirtschaftliche Erzeugnisse zum Zeitpunkt der Ernte und
− (c) Zuwendungen der öffentlichen Hand, die durch die Paragraphen 34 bis 35 abgedeckt werden,
− nicht aber auf (IAS 41.2)
− (a) Grundstücke, die im Zusammenhang mit landwirtschaftlicher Tätigkeit stehen (IAS 16 und 40) und
− (b) Immaterielle Vermögenswerte, die mit landwirtschaftlicher Tätigkeit im Zusammenhang stehen (siehe IAS 38, Immaterielle Vermögenswerte).

Ein biologischer Vermögenswert ist ein lebendes Tier oder eine lebende Pflanze, ein landwirtschaftliches Erzeugnis die Frucht der biologischen Vermögenswerte (IAS 41.5).

Der IAS 41 ist nur bei der Ernte anzuwenden (IAS 41.3), danach ist der IAS 2 oder ein anderer Standard anzuwenden. Damit fällt etwa die Weiterverarbeitung nach der Ernte wie die Erzeugung von Wein nicht unter den IAS 41, sondern unter den IAS 2.

Als Beispiele für biologische Vermögenswerte, landwirtschaftliche Erzeugnisse und Produkte als Ergebnis der Verarbeitung nach der Ernte nennt der IAS

---
55 Vgl. dazu auch Kümpel (2006), S. 550–558.

41.4 die gepflanzten und wachsenden Bäume (biologischer Vermögenswert), die gefällten Baumstämme (landwirtschaftliche Erzeugnisse) und das Bauholz und Nutzholz (Produkt).

Beispiele von biologischen Vermögenswerten, landwirtschaftlichen Erzeugnissen und Produkten, die das Ergebnis der Verarbeitung nach der Ernte darstellen, sind in der folgenden Abbildung enthalten.

Biologische Vermögenswerte	Landwirtschaftliche Erzeugnisse	Produkte aus Weiterverarbeitung
Schafe	Wolle	Garne, Teppiche
Bäume einer Waldflur	Gefällte Baumstämme	Bauholz, Nutzholz
Pflanzen	Baumwolle	Fäden, Kleidung
	Geerntete Zuckerrohre	Zucker
Milchvieh	Milch	Käse
Schweine	Rümpfe geschlachteter Tiere	Würste, geräucherte Schinken
Büsche	Blätter	Tee, getrockneter Tabak
Weinstöcke	Weintrauben	Wein
Obstbäume	Gepflücktes Obst	Verarbeitetes Obst

Abb. 1-1: Abgrenzung von biologischen Vermögenswerten, landwirtschaftlichen Erzeugnissen und Produkten, die das Ergebnis der Verarbeitung nach der Ernte darstellen

1.4.2 Begriffsbestimmungen

Folgende Begriffe werden im IAS 41 mit der angegebenen Bedeutung verwendet:[56]

- **Landwirtschaftliche Tätigkeit** ist das Management der absatzbestimmten biologischen Transformation biologischer Vermögenswerte in landwirtschaftliche Erzeugnisse oder in zusätzliche biologische Vermögenswerte durch ein Unternehmen.
- **Landwirtschaftliches Erzeugnis** ist die Frucht der biologischen Vermögenswerte des Unternehmens.

---

56 IAS 41.5 und 8.

- Ein **biologischer Vermögenswert** ist ein lebendes Tier oder eine lebende Pflanze.
- Die **biologische Transformation** umfasst den Prozess des Wachstums, des Rückgangs, der Fruchtbringung und der Vermehrung, welcher qualitative oder quantitative Änderungen eines biologischen Vermögenswertes verursacht.
- Eine **Gruppe biologischer Vermögenswerte** ist die Zusammenfassung gleichartiger lebender Tiere oder Pflanzen.
- **Ernte** ist die Abtrennung des Erzeugnisses von dem biologischen Vermögenswert oder das Ende der Lebensprozesse eines biologischen Vermögenswertes.

Ein **aktiver Markt** ist ein Markt, der die nachstehenden Bedingungen kumulativ erfüllt:
- (a) Die auf dem Markt gehandelten Produkte sind homogen;
- (b) vertragswillige Käufer und Verkäufer können in der Regel jederzeit gefunden werden; und
- (c) Preise stehen der Öffentlichkeit zur Verfügung.
- Der **Buchwert** ist der Betrag, mit dem ein Vermögenswert in der Bilanz erfasst wird.
- Der **beizulegende Zeitwert** ist der Betrag, zu dem zwischen sachverständigen, vertragswilligen und voneinander unabhängigen Geschäftspartnern ein Vermögenswert getauscht oder eine Schuld beglichen werden könnte.
- **Zuwendungen der öffentlichen Hand** sind definiert in IAS 20, Bilanzierung und Darstellung von Zuwendungen der öffentlichen Hand.

1.4.3 Ansatz und Bewertung

Anzusetzen hat ein Unternehmen biologische Vermögenswerte und landwirtschaftliche Erzeugnisse in Analogie zu dem allgemeinen Vermögensbegriff des Frameworks, wenn:[57]
- (a) das Unternehmen den Vermögenswert auf Grund von Ereignissen der Vergangenheit kontrolliert;
- (b) es wahrscheinlich ist, dass ein mit dem Vermögenswert verbundener künftiger wirtschaftlicher Nutzen dem Unternehmen zufließen wird; und
- (c) der beizulegende Zeitwert oder die Anschaffungs- oder Herstellungskosten des Vermögenswertes verlässlich bewertet werden können.

---

57 IAS 41.10.

Für die biologischen Vermögenswerte bedeutet dies, dass der Nachweis von rechtlichem Eigentum etwa durch Brandzeichen[58] erfolgen kann, aber auch schon durch den Nachweis des wirtschaftlichen Eigentums.[59]

Ein biologischer Vermögenswert ist beim erstmaligen Ansatz und an jedem Bilanzstichtag zu seinem beizulegenden Zeitwert abzüglich der geschätzten Verkaufskosten zu bewerten.[60] Kann der beizulegende Zeitwert nicht bestimmt werden, ist der biologische Vermögenswert mit seinen Anschaffungs- oder Herstellungskosten abzüglich aller kumulierten Abschreibungen und aller kumulierten Wertminderungsaufwendungen zu bewerten. Sobald der beizulegende Zeitwert eines solchen biologischen Vermögenswertes verlässlich ermittelbar wird, hat ein Unternehmen ihn zum beizulegenden Zeitwert abzüglich der geschätzten Verkaufskosten zu bewerten.[61] Der Fall des IAS 41.30 kann nur beim erstmaligen Ansatz verwendet werden.[62]

Landwirtschaftliche Erzeugnisse, die von den biologischen Vermögenswerten des Unternehmens geerntet werden, sind im Zeitpunkt der Ernte mit dem beizulegenden Zeitwert abzüglich der geschätzten Verkaufskosten zu bewerten.[63] Dieser Wert stellt die Anschaffungs- oder Herstellungskosten für die Anwendung in einem anderen Standard (Beispiel: IAS 2) dar.

Zu den Verkaufskosten zählen etwa Provisionen an Makler und Händler, Abgaben an Aufsichtsbehörden und Warenterminbörsen sowie Verkehrsteuern und Zölle.[64] Nicht zu den Verkaufskosten gehören der Transport und andere notwendige Kosten, um Vermögenswerte einem Markt zuzuführen.

Als Vereinfachung erlaubt IAS 41.15 die Gruppierung von biologischen Vermögenswerten oder landwirtschaftlichen Erzeugnissen nach wesentlichen Eigenschaften, beispielsweise nach Alter oder Qualität, wobei diejenige Eigenschaft zu wählen ist, die auf dem Markt als Preisgrundlage herangezogen wird.

Existiert für einen biologischen Vermögenswert oder ein landwirtschaftliches Erzeugnis ein aktiver Markt, so bildet der notierte Preis an diesem Markt die Grundlage für die Bestimmung des beizulegenden Zeitwertes. Bei verschiedenen Preisen an verschiedenen aktiven Märkten, wird der relevanteste Markt genutzt.[65]

Liegt kein aktiver Markt vor, so werden einer oder mehrere der folgenden Punkte genutzt:[66]

- (a) den jüngsten Markttransaktionspreis, sofern keine wesentliche Änderung der wirtschaftlichen Rahmenbedingungen zwischen dem Transaktionszeitpunkt und dem Bilanzstichtag eingetreten ist;

---

58 IAS 41.11.
59 Vgl. Ballwieser / Dobler (2007), S. 1063.
60 IAS 41.12.
61 IAS 41.30.
62 IAS 41.31.
63 IAS 41.13.
64 IAS 41.14.
65 IAS 41.17.
66 IAS 41.18.

- (b) Marktpreise für ähnliche Vermögenswerte mit einer Anpassung, um die Unterschiede widerzuspiegeln; und
- (c) Branchen-Benchmarks, wie der Wert einer Obstplantage, ausgedrückt durch Exportkisten, Scheffel oder Hektar, und der Wert der Rinder, ausgedrückt durch Kilogramm Fleisch.

Der Entscheidungsbaum zur Ermittlung des beizulegenden Zeitwertes lässt sich nach dem IAS 41 wie folgt darstellen:[67]

Existiert für den Vermögenswert ein aktiver Markt gemäß IAS 41.8?		Ja	Dotierten Marktpreis verwenden
	Nein		
Existieren: Vergleichswerte aus jüngsten Markttransaktionen und/oder Marktpreise für ähnliche Vermögenswerte und/oder Branchen-Benchmarks?		Ja	Existiert ein solcher Wert oder mehrere, so ist hieraus der Wertansatz zu bestimmen
	Nein		
Ist der Barwert der erwarteten Netto-cash flows zu ermitteln?		Ja	Ermittelter Barwert ist anzusetzen
	Nein		
Ansatz der Anschaffungs- und Herstellungskosten			

Im Ergebnis lässt sich die Ermittlung des Wertansatzes für biologische Vermögenswerte und landwirtschaftliche Erzeugnisse wie folgt darstellen:[68]

	Marktpreis (netto)
−	Transportkosten
−	Andere Kosten, die durch das Angebot eines Vermögenswertes auf einem Markt entstehen

---

67 Quelle: Janze (2007), § 40, Rz. 27, vgl. zu den Problemen auch Janze (2007), Rz. 28 ff.

=	Beizulegender Zeitwert
−	Verkaufskosten (IAS 41.14) – Provisionen an Makler und Händler – Abgaben an Aufsichtsbehörden und Warenterminbörsen – Zölle
=	Wertansatz für biologische Vermögenswerte und landwirtschaftliche Erzeugnisse

1.4.4 Gewinne und Verluste

Entsteht beim erstmaligen Ansatz eines biologischen Vermögenswertes zum beizulegenden Zeitwert abzüglich geschätzter Verkaufskosten und durch eine Änderung des beizulegenden Zeitwerts abzüglich der geschätzten Verkaufskosten eines biologischen Vermögenswertes ein Gewinn oder Verlust, so ist dieser in das Ergebnis derjenigen Periode einzubeziehen, in der er entstanden ist.[69]

Als Beispiel für den Verlust beim erstmaligen Ansatz eines biologischen Vermögenswertes wird der Abzug der Verkaufskosten genannt, als Beispiel für einen Gewinn die Geburt eines Kalbs.[70]

Entsteht beim erstmaligen Ansatz von landwirtschaftlichen Erzeugnissen zum beizulegenden Zeitwert abzüglich der geschätzten Verkaufskosten ein Gewinn oder Verlust, so ist auch dieser in das Ergebnis der Periode einzubeziehen, in der er entstanden ist.[71] Als Beispiel werden hier die Folgen der Ernte genannt.[72]

Bilanzpolitische Perspektive

Im Rahmen von Ansatz und Bewertung der biologischen Vermögenswerte bestehen hohe Einschätzungsspielräume, die von dem Unternehmen bilanzpolitisch genutzt werden können. Letztlich hat das Unternehmen die zukünftige Entwicklung abzuschätzen, die gerade im Bereich der biologischen Erzeugnisse mit den Auswirkungen von Wetter, Verbraucherstimmungen und anderen Einflüssen häufig sehr volatil ist. Zur besseren Absicherung der Entscheidungen sind daher externe Gutachten und interne betriebliche Statistiken notwendig.

---

68 Vgl. Janze (2007), § 40, Rz. 19.
69 IAS 41.26.
70 IAS 41.27.
71 IAS 41.28.
72 IAS 41.29.

1.4.5 Zuwendungen der öffentlichen Hand

Sofern eine unbedingte Zuwendung der öffentlichen Hand, die mit einem biologischen Vermögenswert im Zusammenhang steht, der zum beizulegenden Zeitwert abzüglich der geschätzten Verkaufskosten bewertet wird, besteht, so ist dieser als Ertrag zu erfassen, wenn die Zuwendung der öffentlichen Hand einforderbar wird.[73] Ist die Zuwendung eine bedingte Zuwendung, so hat ein Unternehmen die Zuwendung der öffentlichen Hand nur dann als Ertrag zu erfassen, wenn die mit der Zuwendung der öffentlichen Hand verbundenen Bedingungen eingetreten sind.[74]

1.4.6 Angaben

1.4.6.1 Angabepflichten

Der IAS 41 behandelt die Bilanzierung biologischer Vermögenswerte. Unternehmen, die in diesem Bereich wesentliche Positionen haben, müssen den Gesamtbetrag des Gewinnes oder Verlustes angeben, der während der laufenden Periode beim erstmaligen Ansatz biologischer Vermögenswerte und landwirtschaftlicher Erzeugnisse und durch die Änderung des beizulegenden Zeitwerts abzüglich der geschätzten Verkaufskosten der biologischen Vermögenswerte entsteht.[75] Dabei ist jede Gruppe biologischer Vermögenswerte verbal oder wertmäßig zu beschreiben.[76] Als Beispiele für Gruppen nennt der IAS 41.43 verbrauchbare und produzierende biologische Vermögenswerte oder reife und unreife biologische Vermögenswerte.

Als verbrauchbare biologische Vermögenswerte werden solche bezeichnet, die geerntet oder verkauft werden sollen wie etwa der Viehbestand für die Fleischproduktion oder Getreide wie Mais. Produzierende biologische Vermögenswerte sind hingegen solche Vermögenswerte, die erhalten bleiben, wie etwa Viehbestand für die Milchproduktion oder Obstbäume.[77]

Als reife biologische Vermögenswerte werden solche bezeichnet, die den Erntegrad erreicht haben oder gewöhnliche Ernten tragen können.[78]

Ein Unternehmen hat folgende Angaben zu den biologischen Vermögenswerten zu machen:[79]

---

73   IAS 41.34.
74   IAS 41.35.
75   IAS 41.40.
76   IAS 41.41 und 42.
77   IAS 41.44.
78   IAS 41.45.
79   IAS 41.46.

- (a) die Art seiner Tätigkeiten, die mit jeder Gruppe der biologischen Vermögenswerte verbunden sind; und
- (b) nicht finanzielle Maßgrößen oder Schätzungen für die körperlichen Mengen von:
  - (i) jeder Gruppe der biologischen Vermögenswerte des Unternehmens zum Periodenende; und
  - (ii) der Produktionsmenge landwirtschaftlicher Erzeugnisse während der Periode.

Die Methoden und wesentlichen Annahmen für die Ermittlung des beizulegenden Zeitwertes sind für jede Gruppe landwirtschaftlicher Erzeugnisse zum Erntezeitpunkt und jede Gruppe biologischer Vermögenswerte anzugeben.[80] Daneben hat ein Unternehmen den zum Erntezeitpunkt ermittelten beizulegenden Zeitwert abzüglich der geschätzten Verkaufskosten der landwirtschaftlichen Erzeugnisse, die während der Periode geerntet wurden, zu veröffentlichen.[81] Weitere Angabepflichten betreffen:[82]

- (a) die Existenz und die Buchwerte biologischer Vermögenswerte, mit denen ein beschränktes Eigentumsrecht verbunden ist, und die Buchwerte biologischer Vermögenswerte, die als Sicherheit für Verbindlichkeiten begeben sind;
- (b) den Betrag von Verpflichtungen für die Entwicklung oder den Erwerb von biologischen Vermögenswerten; und
- (c) Finanzrisikomanagementstrategien, die mit der landwirtschaftlichen Tätigkeit im Zusammenhang stehen.

Daneben ist eine Überleitungsrechnung der Änderungen des Buchwertes der biologischen Vermögenswerte zwischen dem Beginn und dem Ende der Berichtsperiode mit folgenden Inhalten anzugeben:[83]

- (a) den Gewinn oder Verlust durch Änderung des beizulegenden Zeitwerts abzüglich der geschätzten Verkaufskosten;
- (b) Erhöhungen infolge von Käufen;
- (c) Verringerungen infolge von Verkäufen und biologische Vermögenswerte, die gemäß IFRS 5 als zur Veräußerung gehalten klassifiziert werden (oder zu einer als zur Veräußerung gehalten klassifizierten Veräußerungsgruppe gehören);
- (d) Verringerungen infolge der Ernte;
- (e) Erhöhungen, die aus Unternehmenszusammenschlüssen resultieren;
- (f) Nettoumrechnungsdifferenzen aus der Umrechnung von Abschlüssen in eine andere Darstellungswährung und aus der Umrechnung eines aus-

---

80 IAS 41.47.
81 IAS 41.48.
82 IAS 41.49.
83 IAS 41.50.

ländischen Geschäftsbetriebs in die Darstellungswährung des berichtenden Unternehmens;
- (g) andere Änderungen.

Diese Angaben werden insbesondere wegen der Abschätzung der Ertragskraft für wichtig angesehen.[84] Sofern der Produktionszyklus länger als ein Jahr dauert, wird empfohlen, den im Ergebnis enthaltenen Betrag der Änderung des beizulegenden Zeitwerts abzüglich der geschätzten Verkaufskosten aufgrund von körperlichen Änderungen und aufgrund von Preisänderungen je Gruppe oder auf andere Weise anzugeben.

Bei klimatischen, krankheitsbedingten und anderen natürlichen Risiken – Beispiele sind Viruserkrankungen, Dürren, Überschwemmungen, Frost oder Insektenplagen, sind die Art und der Betrag dieses Postens gemäß IAS 1 auszuweisen, wenn ein wesentlicher Ertrags- bzw. Aufwandsposten entsteht.[85]

Sofern der beizulegende Zeitwert eines biologischen Vermögenswertes nicht verlässlich bewertet werden kann, sind folgende Angaben zu machen:[86]
- (a) eine Beschreibung der biologischen Vermögenswerte;
- (b) eine Erklärung, warum der beizulegende Zeitwert nicht verlässlich bewertet werden kann;
- (c) sofern möglich eine Schätzungsbandbreite, innerhalb welcher der beizulegende Zeitwert höchstwahrscheinlich liegt;
- (d) die verwendete Abschreibungsmethode;
- (e) die verwendeten Nutzungsdauern oder Abschreibungssätze; und
- (f) den Bruttobuchwert und die kumulierten Abschreibungen (zusammengefasst mit den kumulierten Wertminderungsaufwendungen) zu Beginn und zum Ende der Periode.

Scheiden in der Berichtsperiode biologische Vermögenswerte aus, die zu Anschaffungs- oder Herstellungskosten abzüglich aller kumulierten Abschreibungen und aller kumulierten Wertminderungsaufwendungen bewertet werden, ist der erfasste Gewinn oder Verlust anzugeben.[87] Die in IAS 41.50 geforderte Überleitungsrechnung (s. o.) hat diese Beträge gesondert anzugeben und zusätzlich folgende Angaben zu enthalten:
- (a) Wertminderungsaufwendungen;
- (b) Wertaufholungen aufgrund früherer Wertminderungsaufwendungen; und
- (c) Abschreibungen.

Eine Sonderregel gibt es für die biologischen Vermögenswerte, die früher zu Anschaffungs- oder Herstellungskosten abzüglich aller kumulierten Abschreibungen und aller kumulierten Wertminderungsaufwendungen bewertet wurden, und deren

---

84 IAS 41.51.
85 IAS 41.53.
86 IAS 41.54.
87 IAS 41.55.

beizulegender Zeitwert während der Berichtsperiode verlässlich ermittelbar wird. Hier müssen folgende Angaben gemacht werden:[88]
- (a) eine Beschreibung der biologischen Vermögenswerte;
- (b) eine Begründung, warum der beizulegende Zeitwert verlässlich ermittelbar wurde; und
- (c) die Auswirkung der Änderung.

Hat ein Unternehmen für biologische Vermögenswerte Zuwendungen der öffentlichen Hand erhalten, müssen folgende Angaben gemacht werden:[89]
- (a) die Art und das Ausmaß der im Abschluss erfassten öffentlichen Zuwendungen der öffentlichen Hand;
- (b) unerfüllte Bedingungen und andere Erfolgsunsicherheiten, die im Zusammenhang mit Zuwendungen der öffentlichen Hand stehen; und
- (c) wesentliche zu erwartende Verringerungen des Umfangs der Zuwendungen der öffentlichen Hand.

1.4.6.2 Praktische Beispiele

Biologische Produkte spielen bei kapitalmarktorientierten deutschen Unternehmen bislang nahezu keine Rolle. Deshalb wird an dieser Stelle auf andere europäische Unternehmen ausgewichen, namentlich die Papierhersteller Norske Skog, Stora Enso, Holmen und SCA. Im Folgenden werden die Ausschnitte dieser Unternehmen aus den Geschäftsberichten gezeigt, die sich mit dem IAS 41 beschäftigen.

> According to IAS 41, biological assets should be valued at fair value. Forests are considered to be biological assets. At 1 January 2004, the sale of the forests in mid-Norway was not recognised in the Norske Skog accounts. In the IFRS opening balance, the fair value of these forests must be recognised. The sales contract on these forests indicated a fair value which was NOK 142 million higher than the book value of the forests. In addition, fair value of the forests in Australia is estimated to be NOK 37 million higher than the book value at 31 December 2003. In total, this gives an increased value of operational fixed assets of NOK 179 million in the IFRS opening balance. In the group equity, this change represents an increase of NOK 179 million. (Norske Skog, Geschäftsbericht 2005, S. 133).

---

88   IAS 41.56.
89   IAS 41.57.

1.4 Landwirtschaftliche Vorräte

Note 13—Biological Assets
Most Group interests in biological assets are held in Associates, thus there is limited activity in respect of biological assets disclosed on the balance sheet. In 2005, Stora Enso continued to expand its plantations in China with a view to ensuring secure fibre sources for any potential developments there. In addition, towards the end of the year the Group started to acquire land in the south of Brazil and in Uruguay with the intention of establishing new plantations, though no biological assets had been created by the year end.

At January 1, 2004, 95 percent of the Group's biological assets were in Sweden, however these were divested in March that year when the Group's forest holding company, Bergvik Skog AB, was divested to institutional investors, Stora Enso retaining a minority shareholding of 43.3 percent. The divestment value of Bergvik Skog's free standing trees was EUR 1,524.6 (SEK 13,753) million and, from the divestment date, the income arising there from is reported as associated income (see Note 14).

In October 2004, Stora Enso divested its majority shareholding in PT Finnantara Intiga, its Borneo eucalyptus plantation company. The book value of the plantation at sale was €21.8 million.

The accounting standard IAS 41, Agriculture, under which Stora Enso's biological assets in the form of standing trees are fair market valued, came into effect on January 1, 2003. The value of Group forests thus increased from a previous book value of €705.9 million to a fair value of €1,561.7 million. The revaluation reserve amounted to 855.8 million, and, following the sale of the Swedish forest interests, this was realized. The initial IAS 41 fair value adjustment on account of the Group's forest associates added €44.0 million to equity net of deferred tax.

Following the divestment of the Swedish forests in 2004, biological income is not material, nevertheless, periodic changes resulting from growth, price and other factors are entered in the income statement. The result for 2005 includes €6.6 million (2004: €37.5 million) in respect of changes in fair value, representing growth and price effect (biological transformation), less €13.3 million (2004: €30.4 million) for harvesting (agricultural produce), resulting in the net (loss)/gain of €(6.7) million (2004: gain of €7.1 million).

At December 31, 2005, Stora Enso's remaining biological assets had a fair value of €76.8 million (€64.6 million) and were located by value in Portugal (61 percent), China (36 percent) and Canada (3 percent). In addition, the Group now has three associated companies where IAS 41 is taken into account in computing their results:

• Bergvik Skog AB, the new 43.3 percent owned Swedish associate, had biological assets at a fair value of € 2,595.9 million (2004: €2,622.6 million).
• Tornator Timberland Oy, a 41 percent owned associate which acquired the Group's Finnish forest interests in 2002, had biological assets at a fair value of €649.5 million in 2005 (2004: €614.9 million).

- Veracel, a 50 percent owned associate in Brazil, also has substantial forest plantations fair valued at €107.2 million in 2005 (2004: €70.0 million), though with a growing cycle of only seven years.

Biological assets

	As of December 31,		
(€ in millions)	2003	2004	2005
Assets reclassified from Fixed Assets (see Note 12)	705.9	—	
Fair valuation surplus	855.8		
Initial IAS 41 Valuation at January 1, 2003	1,561.7		
Carrying value as of January 1	1,561.7	1,587.8	64.6
Translation difference	8.3	6.4	3.2
Additions	7.2	4.5	15.7
Disposals	(1.0)	(1,541.2)	—
Change in fair value (biological transformation)	116.2	37.5	6.6
Decrease due to harvest (agricultural produce)	(104.6)	(30.4)	(13.3)
Carrying value as of December 31	1,587.8	64.6	76.8

(Stora Enso, Annual Report 2005, 20F-Dokument, F-46 f.)

Note 13 Biological assets
Past practice was for Holmen's forest assets to be stated at acquisition cost adjusted for revaluations. According to IFRS, forest assets are to be divided into growing forest, which is stated in accordance with IAS 41, and land, which is stated in accordance with IAS 16. The application of IAS 41 means that growing forest is to be valued and stated at its fair value on each occasion the accounts are finalised. Changes in fair value are taken into the income statement. In the absence of market prices or other comparable values, biological assets are to be valued at the present value of the future cash flow from the assets. The land on which the trees are growing is valued at acquisition cost in accordance with IAS 16.
Holmen's view is that no relevant market prices are available that can be used to value forest holdings as extensive as Holmen's. They are therefore valued by estimating the present value of the future cash flows from the growing forest. The calculation of cash flows is made for the coming 100 years, which is regarded as the harvesting cycle of the forests. In total, Holmen owns 1,035,000

hectares of productive forestland with a volume of standing trees of 113 million forest cubic metres. The volume of harvesting is computed on the basis of harvesting plans that are adopted every tenth year. The present harvesting plan dates back to 2000. For the 2000–2009 period, harvesting volumes are estimated to amount to an average of 2.5 million m₃ per year. Volumes are expected to rise during the coming ten-year period but will then stabilise to around a level of 3.0 million m₃ in about 40 years' time. This corresponds to an average increase in harvesting of 0.4 % a year. Some 55 % of the wood harvested consists of logs that are sold to sawmills and the rest is pulpwood for sale to the pulp and paper industry. The cash flows are calculated on the basis of harvesting volumes according to Holmen's applicable harvesting plan and estimates of changes in prices and costs in the future. The cost of replanting has been taken into consideration, as replanting after harvesting is a statutory obligation.

In 2005, the cash flow from the growing forest amounted to MSEK 380, which was lower than normal as a result of a lower level of harvesting and high harvesting costs in the wake of the storm in southern Sweden at the beginning of the year. On average the cash flow in 2001–2005 was just under MSEK 450 per year, which can be regarded as corresponding to a normal level at current price and cost levels and harvesting volumes. On the basis of the current harvesting plan and the assumptions on price and cost trends in the evaluation according to IAS 41, the cash flow is expected to rise from this level by around 0.5 % a year over the coming 30 years. For the period thereafter it is assumed that the cash flows will increase by the assumed inflation rate of 2 %. The cash flow before tax is discounted using an interest rate of 6.25 %, which is considered to be a long-term capital cost for forestry operations. Deferred tax, viz. the tax that is expected to be charged on the result of harvesting in the future, is based on the total value of the growing forest.

The value of the forest assets was estimated at the end of 2005 at MSEK 8,704, that it is to say the current value of the estimated cash flows before tax. The deferred tax liability attributable to this is estimated at MSEK 2,437. The value stated net after tax for growing forests is thus MSEK 6,267. The value before tax has increased by MSEK 82 since 31 December 2004, which is stated into the income statement for 2005. The deferred tax liability on growing forests has increased by MSEK 23, which has raised the Group's stated tax charge. The increase in the value of the growing forests can be divided up as follows:

	2005	2004
Opening book value	8,622	8,561
Cash flow harvested forest	−380	−460
Change in fair value	462	521
Closing book value	8,704	8,622

The withdrawal of MSEK 380 relates to the cash flow from the harvesting of the growing forest in 2005. The change in the actual value of the remaining forest (MSEK 462) consists for the most part of the increase in the present value arising as a consequence of one year having passed and the cash flows from future harvesting coming one year closer. Over and above this, changes in market prices and harvesting costs in the aftermath of the storm in southern Sweden at the beginning of the year have had some adverse effect on the value. There were some small purchases and sales of property in 2005, which had an insignificant impact on the value of the growing forest.

The table below shows how the value of forest assets after tax will be affected by changes in the most significant assumptions underlying the valuation:

			Change in value
Growth rate	An increase by	0.1 %/year	MSEK 170
Price inflation	– " –	0.1 %/year	MSEK 200
Cost inflation	– " –	0.1 %/year	MSEK –110
Discount interest	– " –	0.1 %	MSEK –120

The effects of adopting IFRS are explained in Note 30.

(Holmen, Annual Report 2005, S. 52)

Note 13 Biological assets
SCA's forest assets are divided up and reported as biological assets, i.e. standing forest and land assets. Standing forest is recognized at fair value in accordance with IAS 41, Agriculture.
The market value of SCA's standing forest at 31 December 2005 was SEK 17,716m (17,383). The total value of SCA's forest assets was SEK 18,616m (18,282). The difference, SEK 900m (899) comprises forest land reported among fixed assets, Land.
Since a market price or other comparable value is not available for assets of SCA's size, the biological assets are valued at the present value of expected future cash flows, before tax, from the assets. In calculation of cash flow, the following key assumptions were made. Cash flows comprise a production cycle which SCA assesses as amounting to 100 years, the most recent available felling plan is also used (adopted every tenth year). Since statutory replanting is a condition for felling, the cost of this is also included. Price and cost levels only change if such changes are judged to be long-term. The cash flow before tax is discounted by a factor that is regarded as a normal level of weighted average cost of capital (WACC) for forestry operations and amounts to 6.25 %.
SCA's forest holdings comprise approximately 2.6 million hectares of forest land primarily in central and northern Sweden, approximately 2.0 million hectares of which is productive forest land. The forest portfolio amounts to 191

1.4 Landwirtschaftliche Vorräte

million cubic metres of forest (m3fo) and is divided into pine 45 %, spruce 43 %, deciduous 10 % and contorta 2 %. Growth amounts to approximately 3.0 m3fo per hectare and year and current felling to approximately 4.4 million cubic metres (sub), i.e. approximately 90 percent of growth. Approximately 50 % of the holdings comprise forest less than 40 years old while 67 % of timber volume in the forests is more than 80 years old.

	Standing forest	
Biological assets, SEKm	2005	2004
Opening balance	17,383	17,120
Purchases of standing forest	23	17
Sales of standing forest	−7	−6
Change in fair value	1,079	1,011
Change due to felling	−793	−759
Other changes	31	0
Closing balance	17,716	17,383

Changes in fair value and changes due to felling are reported net, SEK 283m (252), in the income statement under Change in net value of biological assets. (SCA, Annual Report 2005, S. 76)

(7) Vorräte

	30.6.2006	Vorjahr
Roh-, Hilfs- und Betriebsstoffe	9.557	9.020
Unfertige Erzeugnisse, unfertige Leistungen	30.857	34.391
Unfertige Biologische Vermögenswerte	5.662	5.015
Fertige Erzeugnisse und Waren	62.602	57.657
	108.678	106.083

Der Vorratsbestand erhöhte sich um 2.595 T€ = +2,4 %, dabei sind Wertberichtigungen in Höhe von insgesamt 29.129 (27.162) T€ berücksichtigt. Die unfertigen biologischen Vermögenswerte betreffen die aufstehende Ernte. Das Feldinventar des Vorjahres wurde vollständig geerntet und die Felder wurden im Berichtsjahr neu bestellt. Für die gesamte Anbaufläche von 4.854 (4.495) ha wurden öffentliche Zuwendungen in Höhe von 1.111 (1.132) T€ gewährt. (KWS Saat, Geschäftsbericht 2006, S. 58)

1.5 Unterschiede zum HGB bei der Behandlung der Vorräte

1.5.1 Aktueller Stand

Die Unterschiede zwischen HGB und IFRS bestehen zum einen in der Bewertung der Herstellungskosten und zum anderen in der Folgebewertung.

Bei den Herstellungskosten haben die HGB das Wahlrecht, Gemeinkosten zu aktivieren. Hier besteht im Gegensatz zu den IFRS keine Aktivierungspflicht und es erfolgt keine Trennung innerhalb der Verwaltungskosten. Die IFRS trennen zwischen Verwaltungskosten der Produktion und allgemeinen Verwaltungskosten, wobei nur Verwaltungskosten der Produktion aktivierungspflichtig sind, während für allgemeine Verwaltungskosten ein Aktivierungsverbot besteht. Das HGB kennt keine Trennung der Verwaltungskosten und sieht für diese generell ein Aktivierungswahlrecht vor.

Bei der Folgebewertung sehen die IFRS einen Niederstwerttest als Vergleich zwischen Anschaffungs- oder Herstellungskosten und Nettoveräußerungswert vor. Das HGB trennt hier: Bei Rohstoffen wird mit den Preisen am Absatzmarkt verglichen, bei Erzeugnissen mit dem geringeren Preis am Absatzmarkt und Beschaffungsmarkt und bei Erzeugnissen, bei denen Fremdbezug möglich ist, durch einen Vergleich mit dem Beschaffungsmarkt.[90]

1.5.2 Reform des HGB

Im Rahmen des Bilanzrechtsmodernisierungsgesetzes (BilMoG) wird auch die Vorratsbewertung des HGB angepasst. Es erfolgt dabei eine Annäherung des Begriffs der Herstellungskosten an das EStG, was auch eine Annäherung an die IFRS zur Folge hat. So werden zunächst alle Gemeinkosten aktivierungspflichtig, wobei auch keine Trennung zwischen allgemeinen Verwaltungskosten und Verwaltungskosten der Produktion erfolgt. Damit kann der Herstellungskostenbegriff des „neuen" HGB über die IFRS hinausgehen. Allerdings verbleibt für die fixen Gemeinkosten ein Wahlrechtsbereich, wie folgende Abbildung verdeutlicht:[91]

---

90 Vgl. Freiberg (2005), S. 62.
91 In Anlehnung an Ammann /Müller (2006), S. 148.

1.5 Unterschiede zum HGB bei der Behandlung der Vorräte

	HGB (aktuell)	EStR 33	IFRS*	HGB i.d.F.d. BilMoG*
Materialeinzelkosten	Pflicht	Pflicht	Pflicht	Pflicht
Fertigungseinzelkosten	Pflicht	Pflicht	Pflicht	Pflicht
Sondereinzelkosten der Fertigung	Pflicht	Pflicht	Pflicht	Pflicht
Materialgemeinkosten	Wahlrecht	Pflicht	Pflicht	Pflicht
Fertigungsgemeinkosten	Wahlrecht	Pflicht	Pflicht	Pflicht
Fertigungsbezogene Verwaltungskosten**	Wahlrecht	Wahlrecht	Pflicht	Pflicht
Allgemeine Verwaltungskosten**	Wahlrecht	Wahlrecht	Verbot	Verbot
Herstellungsbezogene Zinsen	Wahlrecht	Wahlrecht	Wahlrecht	Wahlrecht***
Vertriebskosten	Verbot	Verbot	Verbot	Verbot

(Wahlrecht für fixe Gemeinkosten)

*   inklusive Entwicklungskosten, sofern Kriterien erfüllt
** auch Aufwendungen für bestimmte soziale Leistungen und betriebliche Altersvorsorge
*** grundsätzlich als Aufwand zu erfassen, jedoch bei „qualifying assets" auch aktivierungsfähig

Abb. 1-2: Herstellungskosten nach Handels- und Steuerrecht sowie nach IFRS und US-GAAP

Unklar ist derzeit noch, ob das bislang nur als Referentenentwurf vorliegende BilMoG so auch ab dem Geschäftsjahr 2009 gelten wird, da der parlamentarische Abstimmungsprozess noch aussteht.

2 Fertigungsaufträge

Leitfragen

- Wie werden Fertigungsaufträgen nach IFRS behandelt?
- Wie lassen sich Fertigungsaufträge bilanzpolitisch nutzen?
- Welche Anhangangaben sind zu Fertigungsaufträgen vorgeschrieben?

Die Bewertung von Fertigungsaufträgen stellt eine Spezialform der Vorratsbewertung dar. Fertigungsaufträge werden im IAS 2 bewusst ausgeschlossen und im IAS 11 einer eigenen Bewertung unterzogen.

2.1 Die Vorschriften des IAS 11

IAS 11 regelt die Bilanzierung von Fertigungsaufträgen. Unter einem Fertigungsauftrag versteht man einen Vertrag über die[92]
- kundenspezifische
- Fertigung
- einzelner Gegenstände oder einer Anzahl von Gegenständen,

die hinsichtlich Design, Technologie und Funktion oder hinsichtlich ihrer Verwendung aufeinander abgestimmt oder voneinander abhängig sind.

Da Langfristigkeit kein Kriterium ist, fallen auch alle kurzfristigen Fertigungsaufträge unter diesen Standard, die vor dem Bilanzstichtag begonnen und nach diesem beendet werden.[93]

Unter diesen Standard fällt damit beispielsweise die Fertigung einer Brücke, eines Gebäudes, eines Dammes, einer Pipeline, einer Straße, eines Schiffes oder eines Tunnels, aber auch von komplexeren Fertigungen wie Raffinerien.[94]

Fertigungsaufträge umfassen:[95]
- (a) Verträge über die Erbringung von Dienstleistungen, die direkt im Zusammenhang mit der Fertigung eines Vermögenswertes stehen, beispielsweise Dienstleistungen von Projektleitern und Architekten; und

---

92 IAS 11.3.
93 Vgl. Lüdenbach (2006), S. 690.
94 IAS 11.4.
95 IAS 11.5.

- (b) Verträge über den Abriss oder die Restaurierung von Vermögenswerten sowie die Wiederherstellung der Umwelt nach dem Abriss der Vermögenswerte.

Jede Einzelleistung ist dabei als eigener Fertigungsauftrag zu behandeln, sofern
- getrennte Angebote für die einzelnen Einzelleistungen unterbreitet wurden,
- über jede Einzelleistung separat verhandelt wurde sowie
- Kosten und Erlöse jeder einzelnen vertraglichen Leistung getrennt ermittelt werden können.[96]

Mehrere Verträge mit einem einzelnen oder auch mehreren Kunden ist als ein einziger Fertigungsauftrag zu behandeln, wenn[97]
- (a) die Gruppe von Verträgen als ein einziges Paket verhandelt wird;
- (b) die Verträge so eng miteinander verbunden sind, dass sie im Grunde Teil eines einzelnen Projektes mit einer Gesamtgewinnspanne sind; und
- (c) die Verträge gleichzeitig oder unmittelbar aufeinander folgend abgearbeitet werden.

Sofern ein Folgeauftrag aus einem Vertrag entsteht, ist dieser als separater Fertigungsauftrag zu behandeln, wenn[98]
- (a) er sich hinsichtlich Design, Technologie oder Funktion wesentlich von dem ursprünglichen Vertrag unterscheidet; oder
- (b) die Preisverhandlungen für den Vertrag losgelöst von den ursprünglichen Verhandlungen geführt werden.

Als Kriterien für Fertigungsaufträge nennt der IDW:[99]
- Begrenzte Anzahl der insgesamt gefertigten Vermögenswerte,
- Komplexität der gefertigten Vermögenswerte (geringer Standardisierungsgrad),
- Exklusivität der gefertigten Vermögenswerte (beschränkter Abnehmerkreis),
- Kundenspezifische und aufwändige Planung und Entwicklung.

Auftragserlöse und Auftragskosten werden nach dem IAS 11 gemäß Leistungsfortschritt auf die einzelnen Perioden der Fertigung verteilt (so genannte percentage-of-completion-Methode). Zu unterscheiden ist dabei die Vorgehensweise für zwei mögliche Vertragsarten:[100]
- bei Festpreisverträgen wird ein fester Preis vereinbart, wobei dieser an eine Preisgleitklausel gebunden sein kann,
- bei Kostenzuschlagsverträgen wird ein Preis in Höhe der abrechenbaren oder anderweitig festgelegten Kosten zuzüglich eines vereinbarten Prozentsatzes dieser Kosten oder eines festen Entgeltes vereinbart.

---

96 IAS 11.8.
97 IAS 11.9.
98 IAS 11.10.
99 IDW (2005), Tz. 1. Vgl. auch Lüdenbach (2007), Rz. 14.
100 IAS 11.3.

Fertigungsaufträge können sowohl Elemente von Festpreisverträgen als auch von Kostenzuschlagsverträgen aufweisen, beispielsweise im Fall eines Kostenzuschlagsvertrages mit einem vereinbarten Höchstpreis. Unter solchen Umständen hat der Auftragnehmer alle Bedingungen aus IAS 11.23 und 11.24 zu beachten, um zu bestimmen, wann Auftragserlöse und Auftragskosten ergebniswirksam zu berücksichtigen sind.[101]

Ausdrücklich zu erwähnen ist, dass der IAS 11 kein branchenspezifischer Standard insbesondere für Bauunternehmen ist. Lüdenbach weist etwa auf die Anwendung bei der Bertelsmann AG oder der Odeon Film AG hin.[102]

2.1.1 Begriffsbestimmungen

Folgende Begriffe werden im IAS 11 mit den angegebenen Bedeutungen verwendet:[103]

- Ein **Fertigungsauftrag** ist ein Vertrag über die kundenspezifische Fertigung einzelner Gegenstände oder einer Anzahl von Gegenständen, die hinsichtlich Design, Technologie und Funktion oder hinsichtlich ihrer Verwendung auf einander abgestimmt oder voneinander abhängig sind.
- Ein **Festpreisvertrag** ist ein Fertigungsauftrag, für den der Auftragnehmer einen festen Preis bzw. einen festgelegten Preis pro Outputeinheit vereinbart, wobei diese an eine Preisgleitklausel gekoppelt sein können.
- Ein **Kostenzuschlagsvertrag** ist ein Fertigungsauftrag, bei dem der Auftragnehmer abrechenbare oder anderweitig festgelegte Kosten zuzüglich eines vereinbarten Prozentsatzes dieser Kosten oder ein festes Entgelt vergütet bekommt.

2.1.2 Auftragserlöse und Auftragskosten

IAS 11.11 definiert Auftragserlöse als die ursprünglich im Vertrag vereinbarten Erlöse zuzüglich Zahlungen für Abweichungen im Gesamtwert, Nachforderungen für nicht im Preis kalkulierte Kosten sowie Prämien, die wahrscheinlich zu Erlösen führen und verlässlich zu ermitteln sind. Da es immer Abweichungen zwischen den Erwartungen und dem tatsächlichen Eintreten von Ereignissen gibt, kann es naturgemäß immer Anpassungen der Auftragserlöse von einer Periode zur nächsten geben. Als Beispiele für solche Fälle werden genannt:[104]

---

101 IAS 11.6.
102 Vgl. Lüdenbach (2006), S. 692.
103 IAS 11.3.
104 IAS 11.12.

- Auftragnehmer und Kunde können Abweichungen oder Nachforderungen vereinbaren, durch die die Auftragserlöse in einer späteren Periode als der Periode der Preisvereinbarung erhöht oder gemindert werden;
- der in einem Festpreisauftrag vereinbarte Erlös kann sich auf Grund von Preisgleitklauseln erhöhen;
- der Betrag der Auftragserlöse kann durch Vertragsstrafen bei Verzug bei der Vertragserfüllung seitens des Auftragnehmers gemindert werden; oder
- die Auftragserlöse erhöhen sich im Falle eines Festpreisauftragspreises pro Outputeinheit, wenn die Anzahl dieser Einheiten steigt.

Gleichzeitig können auch Leistungsänderungswünsche des Kunden zu Veränderungen der Auftragserlöse führen.[105]

Stellt ein Auftragnehmer dem Kunden oder einer anderen Partei als Vergütung für Kosten eine Nachforderung in Rechnung, die nicht im Vertragspreis enthalten ist, so sind die Nachforderungen nur dann in den Auftragserlösen enthalten, wenn[106]

- (a) die Verhandlungen so weit fortgeschritten sind, dass der Kunde die Nachforderung wahrscheinlich akzeptieren wird; und
- (b) der Betrag, der wahrscheinlich vom Kunden akzeptiert wird, verlässlich bewertet werden kann.

Erhält der Auftragnehmer **Prämien** etwa für vorzeitige Erfüllung, so sind diese Prämien als Teil der Auftragserlöse zu berücksichtigen, wenn[107]

- (a) das Projekt so weit fortgeschritten ist, dass die Erreichung oder Überschreitung der Leistungsanforderungen wahrscheinlich ist; und
- (b) der Betrag der Prämie verlässlich bewertet werden kann.

Auftragskosten umfassen[108]

- die direkten Kosten in Verbindung mit dem bestimmten Vertrag,
- alle indirekten und allgemein dem Vertrag zurechenbaren Kosten und
- sonstige Kosten, die dem Kunden vertragsgemäß gesondert in Rechnung gestellt werden können.

Direkte Kosten umfassen[109]

- Fertigungslöhne einschließlich Löhnen und Gehältern für die Auftragsüberwachung,
- Kosten für Fertigungsmaterial,
- planmäßige Abschreibungen der für die Vertragsleistung eingesetzten Maschinen und Anlagen,
- Kosten für den Transport von Maschinen, Anlagen und Material vom und zum Erfüllungsort,

---

105 IAS 11.13.
106 IAS 11.14.
107 IAS 11.15.
108 IAS 11.16.
109 IAS 11.17., vgl. auch Lüdenbach (2007), Rz. 58 ff.

- Kosten aus der Anmietung von Maschinen und Anlagen,
- Kosten für die Ausgestaltung und die technische Unterstützung, die mit dem Projekt direkt zusammenhängen,
- die geschätzten Kosten für Nachbesserung und Garantieleistungen einschließlich erwartetem Gewährleistungsaufwand sowie
- Nachforderungen Dritter.

Indirekt und allgemein dem Vertrag zurechenbare Kosten umfassen, soweit sie auf Basis normaler Kapazitätsauslastung basieren[110]
- Versicherungsprämien,
- Kosten für die Ausgestaltung und die technische Unterstützung, die nicht direkt in Zusammenhang mit dem Auftrag stehen sowie
- Fertigungsgemeinkosten.

Sonstige Kosten, die dem Kunden vertragsgemäß gesondert in Rechnung gestellt werden können, umfassen Kosten für allgemeine Verwaltung sowie Entwicklungskosten, wenn ihre Erstattung in den Vertragsbedingungen geregelt ist.[111]

Ausdrücklich ein Einbeziehungsverbot in die Auftragskosten gilt für Kosten der allgemeinen Verwaltung und Forschungs- und Entwicklungskosten, deren Erstattung nicht in den Vertragsbedingungen geregelt ist, Vertriebskosten sowie planmäßige Abschreibungen auf ungenutzte Anlagen und Maschinen, die nicht für die Abwicklung eines bestimmten Auftrages verwendet werden.[112]

Zusätzlich enthalten die Auftragskosten alle dem Vertrag zurechenbaren Kosten ab dem Tag der Auftragserlangung bis zur Erfüllung des Vertrages, wenn sie einzeln identifiziert und verlässlich bewertet werden können und es wahrscheinlich ist, dass der Auftrag erhalten wird. Werden Kosten, die zur Erlangung eines Auftrages entstanden sind, in der Periode ihres Anfallens als Aufwand erfasst, so sind sie nicht den Auftragskosten zuzuordnen, wenn der Auftrag in einer späteren Periode eingeht.[113]

Beispiel:
Die A-AG erhält einen Auftrag von der B-AG. Innerhalb von drei Jahren soll ein Kraftwerk aufgebaut werden. Hierfür erhält die A-AG 100 Mio. €. Für den Auftrag kalkuliert die A-AG folgende Kosten:

Fertigungslöhne einschließlich Löhnen und Gehältern für die Auftragsüberwachung	30 Mio. €
Kosten für Fertigungsmaterial	15 Mio. €
planmäßige Abschreibungen der für die Vertragsleistung eingesetzten Maschinen und Anlagen	10 Mio. €

---

110 IAS 11.18.
111 IAS 11.19.
112 IAS 11.20.

> Kosten für den Transport von Maschinen, Anlagen und
> Material vom und zum Erfüllungsort — 5 Mio. €
> Kosten aus der Anmietung von Maschinen und Anlagen — 1 Mio. €
> Kosten für die Ausgestaltung und die technische Unterstützung,
> die mit dem Projekt direkt zusammenhängen — 3 Mio. €
> die geschätzten Kosten für Nachbesserung und
> Garantieleistungen einschließlich erwartetem
> Gewährleistungsaufwand — 2 Mio. €
> Nachforderungen Dritter — 1 Mio. €
> Versicherungsprämien — 4 Mio. €
> Kosten für die Ausgestaltung und die technische Unterstützung, die
> nicht direkt in Zusammenhang mit dem Auftrag stehen — 1 Mio. €
> Fertigungsgemeinkosten — 10 Mio. €
> Allgemeine Verwaltungskosten — 5 Mio. €
> Vertriebskosten — 3 Mio. €
> Forschungs- und Entwicklungskosten — 5 Mio. €
> Eine Vereinbarung über eine Erstattung von nicht dem Auftrag zuordenbaren Kosten existiert im Vertrag nicht.
> Damit umfassen die Auftragskosten 82 Mio. €. Allgemeine Verwaltungskosten, Vertriebskosten sowie Forschungs- und Entwicklungskosten dürfen den Auftragskosten nicht zugerechnet werden.

2.1.3 *Erfassung von Auftragserlösen und Auftragskosten*

Lässt sich das Ergebnis eines Fertigungsauftrages verlässlich schätzen, so sind die Auftragserlöse und Auftragskosten entsprechend dem Leistungsfortschritt jeweils am Bilanzstichtag als Erträge und Aufwendungen zu erfassen.[114] Etwaige erwartete Verluste sind sofort als Aufwand zu zeigen.[115] Diese **Verluste** sind unabhängig von den folgenden Punkten zu bestimmen:[116]
- (a) ob mit der Auftragsarbeit bereits begonnen wurde;
- (b) vom Fertigstellungsgrad der Auftragserfüllung; oder
- (c) vom erwarteten Gewinnbeitrag aus anderen Verträgen, der gemäß Paragraph 9 nicht als einzelner Fertigungsauftrag behandelt wird.

Eine **verlässliche Schätzung** ist möglich,
- bei einem Festpreisvertrag,[117]
- wenn die gesamten Auftragserlöse verlässlich bewertet werden können,

---

113 IAS 11.21.
114 IAS 11.22.
115 IAS 11.36., vgl. auch Lüdenbach (2007), Rz. 36 ff.
116 IAS 11.37.
117 IAS 11.23.

2.1 Die Vorschriften des IAS 11

- es wahrscheinlich ist, wenn der wirtschaftliche Nutzen aus dem Vertrag dem Unternehmen zufließt,
- sowohl die bis zur Fertigstellung entstehenden Kosten als auch der Grad der Fertigstellung verlässlich bewertet werden können,
- die dem Vertrag zurechenbaren Kosten eindeutig bestimmt und verlässlich bewertet werden können;
- bei einem Kostenzuschlagsvertrag[118]
- es wahrscheinlich ist, wenn der wirtschaftliche Nutzen aus dem Vertrag dem Unternehmen zufließt,
- die dem Vertrag zurechenbaren Kosten eindeutig bestimmt und verlässlich bewertet werden können, unabhängig davon, ob sie gesondert abgerechnet werden können.

Die ergebniswirksame Berücksichtigung von Erträgen und Aufwendungen gemäß dem Leistungsfortschritt liefert nach Meinung des Standardsetters nützliche Informationen zum Stand der Vertragsarbeit sowie zur Leistung während einer Periode.[119]

Entstehen Auftragskosten, die mit einer zukünftigen Tätigkeit im Rahmen des Vertrages verbunden sind, so sind diese Auftragskosten als Vermögenswert zu aktivieren, wenn sie wahrscheinlich abrechenbar sind. Ausgewiesen werden diese Kosten häufig als unfertige Leistungen.[120]

Ausdrücklich darauf hingewiesen wird, dass das Ergebnis eines Fertigungsauftrages nur dann verlässlich geschätzt werden kann, wenn die wirtschaftlichen Vorteile aus dem Vertrag dem Unternehmen wahrscheinlich zufließen. Entsteht jedoch eine Unsicherheit hinsichtlich der Möglichkeit, den Betrag zu vereinnahmen, der bereits in den Auftragserlösen enthalten und bereits in der Gewinn- und Verlustrechnung erfasst ist, wird der nicht einbringbare Betrag oder der Betrag, für den eine Bezahlung nicht mehr wahrscheinlich ist, als Aufwand und nicht als Anpassung der Auftragserlöse erfasst.[121]

Verlässliche Schätzungen kann ein Unternehmen dann vornehmen, wenn es einen Vertrag abgeschlossen hat, der:[122]

- (a) jeder Vertragspartei durchsetzbare Rechte und Pflichten bezüglich der zu erbringenden Leistung einräumt;
- (b) die zu erbringende Gegenleistung festlegt; und
- (c) Art und Bedingungen der Erfüllung festlegt.

Das Unternehmen überprüft und überarbeitet erforderlichenfalls mit Fortschreiten der Leistungserfüllung die Schätzungen der Auftragserlöse und der Auftragskosten. Die Notwendigkeit derartiger Korrekturen ist nicht unbedingt ein Hinweis darauf, dass das Ergebnis des Auftrages nicht verlässlich geschätzt werden kann.

---

118 IAS 11.24.
119 IAS 11.25.
120 IAS 11.27.
121 IAS 11.28.
122 IAS 11.29.

> **Technischer Anwendungsaspekt**
>
> Im Regelfall ist es für das Unternehmen erforderlich, dass es über ein wirksames internes Budgetierungs- und Berichtssystem verfügt, damit die umfangreichen Daten zur Einschätzung des Fertigungsauftrags verlässlich ermittelt werden können. Konkret muss ein Kostenrechnungssystem implementiert sein, welches die mitlaufende Kalkulation und Überwachung der Fertigungsaufträge ermöglicht.[123]

Die **Verteilung** der Auftragserlöse und Auftragskosten ist wie gezeigt nur möglich, wenn das Ergebnis des Fertigungsauftrages verlässlich geschätzt werden kann. Ist dies nicht möglich, darf der Erlös nur in Höhe der angefallenen Auftragskosten erfasst werden, die wahrscheinlich einbringbar sind, während die Auftragskosten in der Periode zu erfassen sind, in der sie anfallen.[124] So wird ausdrücklich darauf hingewiesen, dass das Ergebnis in den frühen Phasen eines Auftrages häufig nicht verlässlich geschätzt werden kann.[125] Dennoch kann es wahrscheinlich sein, dass das Unternehmen die angefallenen Auftragskosten decken wird. Daher werden die Auftragserlöse nur so weit ergebniswirksam, wie die angefallenen Kosten erwartungsgemäß gedeckt werden können. Da das Ergebnis des Auftrages nicht verlässlich geschätzt werden kann, wird kein Gewinn erfasst.

Auftragskosten, die wahrscheinlich nicht gedeckt werden, werden sofort als Aufwand erfasst. Beispiele für solche Fälle, in denen die **Einbringbarkeit** angefallener Auftragskosten nicht wahrscheinlich ist und diese eventuell sofort als Aufwand zu erfassen sind, umfassen Verträge,[126]

- die nicht in vollem Umfang durchsetzbar sind, d. h. Verträge mit sehr zweifelhafter Gültigkeit;
- deren Fertigstellung vom Ergebnis eines schwebenden Prozesses oder eines laufenden Gesetzgebungsverfahrens abhängig ist;
- die in Verbindung mit Vermögenswerten stehen, die wahrscheinlich beschlagnahmt oder enteignet werden;
- bei denen der Kunde seine Verpflichtungen nicht erfüllen kann; oder
- bei denen der Auftragnehmer nicht in der Lage ist, den Auftrag fertig zu stellen oder seine vertraglichen Verpflichtungen anderweitig zu erfüllen.

Sobald eine verlässliche Schätzung möglich ist, erfolgt die Bewertung wie oben gezeigt laut IAS 11.22.[127]

---

123 Vgl. z. B. Deimel, K./Isemann, R./Müller, S. (2006).
124 IAS 11.32.
125 IAS 11.33.
126 IAS 11.34.
127 IAS 11.35.

> **Beispiel:**
> Die Brücke-AG stellt Autobahnbrücken her und erhält den Auftrag zum Bau einer Autobahnbrücke mit einer Bauzeit von vier Jahren. Dabei wird ein Gesamterlös von 15 Mio. € vereinbart bei erwarteten Gesamtkosten von 12 Mio. €. In den Jahren fallen folgende Kosten und darauf aufbauend Umsätze und Gewinne an:
>
> | | Jahr 1 | Jahr 2 | Jahr 3 | Jahr 4 |
> | --- | --- | --- | --- | --- |
> | Kosten der Periode | 3 Mio. € | 5 Mio. € | 3 Mio. € | 1 Mio. € |
> | Fertigstellungsgrad (Baufortschritt in der Periode) | 25 % | 41,67 % | 25 % | 8,33 % |
> | Umsatz der Periode = Fertigstellungsgrad × Gesamterlös | 3,75 Mio. € | 6,25 Mio. € | 3,75 Mio. € | 1,25 Mio. € |
> | Gewinn = Umsatz − Kosten | 0,75 Mio. € | 1,25 Mio. € | 0,75 Mio. € | 0,25 Mio. € |

Den Grad der Fertigstellung eines Auftrages kann man über verschiedene Methoden messen. Hierzu zählen[128]
- das Verhältnis der bis zum Stichtag angefallenen Auftragskosten zu den am Stichtag geschätzten gesamten Auftragskosten;

> Umsätze und Aufwendungen aus Fertigungsaufträgen werden nach der Percentage-of-Completion-Methode bilanziert, wonach die Umsätze entsprechend dem Fertigstellungsgrad ausgewiesen werden. Der Fertigstellungsgrad ergibt sich aus dem Verhältnis der bis zum Stichtag angefallenen Auftragskosten zu den insgesamt zum Stichtag geschätzten Auftragskosten. Aufträge, bei denen der Konzern Generalunternehmer- oder Engineeringleistungen erbringt, werden ebenfalls wie Fertigungsaufträge behandelt. Nach der Percentage-of-Completion-Methode bilanzierte Fertigungsaufträge werden entsprechend den zum Stichtag aufgelaufenen Auftragskosten zuzüglich des sich aus dem erreichten Fertigstellungsgrad ergebenden anteiligen Gewinns bewertet. In der Bilanz werden diese Umsatzerlöse abzüglich erhaltener Anzahlungen in den Forderungen aus Lieferungen und Leistungen erfasst. Auftragsänderungen, Nachforderungen oder Leistungsprämien werden insoweit berücksichtigt, wie sie mit dem Kunden bereits verbindlich vereinbart wurden.

---

[128] IAS 11.30

> Wenn das Ergebnis eines Fertigungsauftrags nicht verlässlich schätzbar ist, werden wahrscheinlich erzielbare Umsätze bis zur Höhe der angefallenen Kosten erfasst. Auftragskosten werden in der Periode, in der sie anfallen, als Aufwand ausgewiesen.
> Ist absehbar, dass die gesamten Auftragskosten die Auftragserlöse übersteigen, wird der erwartete Verlust unmittelbar als Aufwand ausgewiesen. (Thyssen-Krupp, Geschäftsbericht 2005/2006, S. 135)

    – eine Begutachtung der erbrachten Leistung; oder

> Für Fertigungsaufträge erfolgt eine Gewinnrealisierung nach der Percentage of Completion (PoC) Methode. Entsprechend dem Fertigstellungsgrad werden die realisierten Beträge bei den Umsatzerlösen ausgewiesen. Der Fertigstellungsgrad wird im Wesentlichen aus dem Anteil der bis zum Bilanzstichtag erreichten Leistung an der zu erbringenden Gesamtleistung bestimmt. (Deutsche Lufthansa, Geschäftsbericht 2006, S. 126)

> Revenues from services rendered are recognised in proportion to the stage of completion of the transaction at the balance sheet date. For construction contracts, when the outcome can be estimated reliably, revenues are recognised by reference to the stage (percentage) of completion ("PoC") of the contract activity. The stage of completion of a contract may be determined by a variety of ways. Depending on the nature of the contract, revenue is recognised as contractually agreed milestones are reached, as units are delivered or as the work progresses. Whenever the outcome of a construction contract cannot be estimated reliably, revenue is only recognised to the extent of the expenses incurred that are recoverable. Changes in profit rates are reflected in current earnings as identified. Contracts are reviewed regularly and in case of probable losses, provisions are recorded. (EADS, Geschäftsbericht 2006, S. 59).

> Für Fertigungsaufträge erfolgt eine Gewinnrealisierung nach der Percentage of Completion (PoC) Methode. Entsprechend dem Fertigstellungsgrad werden die realisierten Beträge bei den Umsatzerlösen ausgewiesen.
> Der Fertigstellungsgrad wird im Wesentlichen aus dem Anteil der bis zum Bilanzstichtag erreichten Leistung an der zu erbringenden Gesamtleistung bestimmt. (Bilfinger Berger, Geschäftsbericht 2006, S. 112)

> Fertigungsaufträge, die die Kriterien des ias 11 erfüllen, werden nach der Percentage-of-Completion-Methode (poc-Methode) bilanziert. Der anzusetzende Fertigstellungsgrad wird dabei pro Auftrag in der Regel durch das Verhältnis der bereits angearbeiteten Kosten zu den erwarteten Gesamtkosten (Cost-to-Cost-Methode) ermittelt. Der entsprechende Gewinn des Fertigungsauftrags wird auf Basis des so errechneten Fertigstellungsgrads realisiert. Der Ausweis dieser Aufträge erfolgt unter den Forderungen bzw. Verbindlichkeiten aus

> Langfristfertigung. Soweit die angearbeiteten Leistungen die Anzahlungen übersteigen, erfolgt der Ausweis der Fertigungsaufträge aktivisch unter den Forderungen aus Langfristfertigung. Verbleibt nach Abzug der Anzahlung ein negativer Saldo, erfolgt der Ausweis unter den Verbindlichkeiten aus Langfristfertigung. Für Drohverluste werden, falls notwendig, entsprechende Rückstellungen gebildet. (IWKA, Geschäftsbericht 2006, S. 102)

- die Vollendung eines physischen Teiles des Vertragswerkes.

Dagegen spiegeln vom Kunden erhaltene Abschlagszahlungen und Anzahlungen die erbrachte Leistung häufig nicht wider.

Genauer als die IFRS bestimmen die US-GAAP die **Verfahren zur Ermittlung des Fertigstellungsgrades**. Danach werden Input- und Output-Methoden voneinander getrennt.[129] Bei Input-Verfahren werden Kosten oder andere Größen als Faktoreinsatz einer Periode in Relation zum gesamt erwarteten Faktoreinsatz gesetzt. Bei Output-Verfahren wird die bereits erbrachte Leistung in Relation zur geschuldeten Gesamtleistung gesetzt.[130]

Bestimmt man den Leistungsfortschritt entsprechend den angefallenen Auftragskosten, so sind nur diejenigen Auftragskosten, die die erbrachte Leistung widerspiegeln, in diesen Kosten zu berücksichtigen. Beispiele für hier nicht zu berücksichtigende Kosten sind:[131]

- Kosten für zukünftige Tätigkeiten in Verbindung mit dem Auftrag, beispielsweise Kosten für Materialien, die zwar an den Erfüllungsort geliefert oder dort zum Gebrauch gelagert, jedoch noch nicht installiert, gebraucht oder verwertet worden sind, mit Ausnahme von Materialien, die speziell für diesen Auftrag angefertigt wurden; und
- Vorauszahlungen an Subunternehmen für zu erbringende Leistungen im Rahmen des Untervertrages.

2.1.4 Veränderung der Erwartungen

Eine etwas unglückliche Regel besteht bei **Veränderung der Erwartungen** hinsichtlich der Erfassung von erwarteten Verlusten. Dem Vorsichtsprinzip entsprechend sehen die IFRS hier eine sofortige Erfassung aller Verluste in der Periode vor, in der sie erkannt werden. Damit müssen in einer solchen Periode alle in der Vergangenheit ausgewiesenen Gewinne zurückgenommen und alle in Zukunft zu erwartenden Verluste verbucht werden. Eine periodengerechte Ermittlung des Periodenergebnisses ist damit aber nicht möglich.

---

129 Vgl. Lüdenbach (2006), S. 179; siehe auch Lüdenbach (2007), Rz. 27 ff.
130 Vgl. Lüdenbach (2006), S. 179.
131 IAS 11.31.

In IAS 11.38 wird ausgeführt: „Die Gewinnrealisierungsmethode nach dem Fertigstellungsgrad wird auf kumulierter Basis in jeder Berichtsperiode auf die laufenden Schätzungen von Auftragserlösen und Auftragskosten angewandt. Daher wird der Effekt einer veränderten Schätzung der Auftragserlöse und Auftragskosten oder der Effekt einer veränderten Schätzung des Ergebnisses aus einem Auftrag als Änderung einer Schätzung behandelt (siehe IAS 8, Periodenergebnis, grundlegende Fehler und Änderungen der Bilanzierungs- und Bewertungsmethoden). Die veränderten Schätzungen gehen in die Berechnung des Betrages für Erträge und Aufwendungen in der Gewinn- und Verlustrechnung der Berichtsperiode, in der die Änderung vorgenommen wurde, sowie der nachfolgenden Berichtsperioden ein."

Beispiel:
Die Hybrid-AG hat eine längerfristige Auftragsfertigung begonnen, die vier Jahre andauern wird. Erwartet werden 40 Mio. € Umsatz und 30 Mio. € Aufwendungen für das Projekt. In jedem der vier Jahre werden 25 % der Leistungen erbracht.
Damit werden in jedem Jahr 10 Mio. € Umsatz und 7,5 Mio. € Aufwendungen gebucht und somit ein Gewinn von 2,5 Mio. €.
Im zweiten Jahr wird erkannt, dass die Aufwendungen tatsächlich 50 Mio. € betragen werden. Die Hybrid-AG hat statt 7,5 Mio. € Aufwendungen 22,5 Mio. € zu verbuchen. 17,5 Mio. € stellen die wirklichen Aufwendungen der Periode dar (50 % von 50 Mio. € Gesamtaufwendungen abzgl. 7,5 Mio. € im Vorjahr gebucht) zuzüglich der in den nächsten Jahren zu erwartenden Verluste von 5,0 Mio. €.
Im dritten Jahr wird erkannt, dass tatsächlich 40 Mio. € Gesamtaufwendungen entstehen. Damit müssen im dritten Jahr 10,0 Mio. € Aufwendungen verbucht werden. Die erwarteten Verluste von 5,0 Mio. €, die im zweiten Jahr gebucht werden, werden wieder zurückgenommen.

Die Berücksichtigung von erwarteten Verlusten führt zu einer hohen Ergebnisvolatilität.

Beispiel aus der Praxis:
Ein besonders eindrucksvolles Beispiel ist Hochtief mit folgendem Ausschnitt aus dem Geschäftsbericht 2003:
„Die Umsatzerlöse in Höhe von 10.534.380 Tsd. Euro (Vorjahr: 12.007.173 Tsd. Euro) enthalten zum einen realisierte Auftragswerte aus der Anwendung der Percentage-of-Completion-Methode bei kundenspezifischen Fertigungsaufträgen, zum anderen Auftragswerte abgerechneter eigener Aufträge, Lieferungen und Leistungen an Arbeitsgemeinschaften sowie anteilig übernommene Ergebnisse aus Arbeitsgemeinschaften und sonstige Leistungen.
Die Umsatzerlöse aus der Percentage-of-Completion-Methode betragen 9.072.819 Tsd. Euro (Vorjahr 10.466.732 Tsd. Euro)."

Somit werden fast 90 % der Umsätze von Hochtief nach der percentage-of-completion-Methode bewertet.

> **Bilanzpolitische Perspektive**
>
> Fertigungsaufträge lassen sich an unterschiedlichen Stellen bilanzpolitisch nutzen. Zum einen wird das erwartete Ergebnis eines Fertigungsauftrages ausgewiesen. Da die Erwartung „steuerbar" ist, lässt sich auf diese Weise natürlich auch das Ergebnis des Unternehmens steuern.
> In der Folgebewertung kommen hier insbesondere die veränderten Erwartungen zum Tragen. Werden andere Ergebnisse erwartet, so ist eine Anpassung des Ergebnisses vorzunehmen, die in beide Richtungen, positiv wie negativ, ausfallen kann.

2.2 Angaben zu Fertigungsaufträgen

Für Fertigungsaufträge müssen Unternehmen die folgenden Angaben machen:[132]
- (a) die in der Berichtsperiode erfassten Auftragserlöse;
- (b) die Methoden zur Ermittlung der in der Berichtsperiode erfassten Auftragserlöse; und
- (c) die Methoden zur Ermittlung des Fertigstellungsgrades laufender Projekte.

> Für Fertigungsaufträge erfolgt eine Gewinnrealisierung nach der Percentage of Completion (PoC) Methode. Entsprechend dem Fertigstellungsgrad werden die realisierten Beträge bei den Umsatzerlösen ausgewiesen.
> Der Fertigstellungsgrad wird im Wesentlichen aus dem Anteil der bis zum Bilanzstichtag erreichten Leistung an der zu erbringenden Gesamtleistung bestimmt. Soweit für Fertigungsaufträge Leistungen erbracht wurden, die den Betrag der dafür gestellten Abschlagsrechnungen übersteigen, erfolgt der Ausweis unter dem Posten Künftige Forderungen aus Fertigungsaufträgen. Soweit der Betrag der erhaltenen Zahlungen aus gestellten Abschlagsrechnungen höher ist als die erbrachte Leistung, erfolgt der Ausweis unter den Verbindlichkeiten aus Percentage of Completion. Die Forderungen aus Percentage of Completion entsprechen dem Saldo der gestellten Abschlagsrechnungen abzüglich hierauf erhaltener Zahlungen; sie werden zusammen mit den Forderungen aus Lieferungen und Leistungen ausgewiesen. Drohende Verluste werden zum Zeitpunkt ihres Bekanntwerdens in voller Höhe berücksichtigt.
>
> Die in Arbeitsgemeinschaften abgewickelten Fertigungsaufträge werden entsprechend der PoC-Methode bewertet. Die Forderungen beziehungsweise Ver-

---

132 IAS 11.39.

bindlichkeiten an Arbeitsgemeinschaften enthalten neben Ein- und Auszahlungen sowie Leistungsverrechnungen auch anteilige Auftragsergebnisse. (Bilfinger Berger, Geschäftsbericht 2006, S. 112)

Für am Bilanzstichtag laufende Projekte hat ein Unternehmen die folgenden Angaben zu machen:[133]
- (a) die Summe der angefallenen Kosten und ausgewiesenen Gewinne (abzüglich etwaiger ausgewiesener Verluste);
- (b) den Betrag erhaltener Anzahlungen; und
- (c) den Betrag von Einbehalten.

Die Umsatzerlöse enthalten mit 4.498,8 (Vorjahr: 4.684,4) Mio. € Umsatzerlöse, die aus der Anwendung der Percentage of Completion Methode resultieren. Der Posten enthält ebenfalls Lieferungen und Leistungen an Arbeitsgemeinschaften sowie übernommene Ergebnisse aus diesen Gemeinschaftsunternehmen.

Zur Darstellung der gesamten Leistungserbringung im Konzern, insbesondere unter Einbeziehung der anteiligen Leistungen in Arbeitsgemeinschaften, wird unsere Leistung der einzelnen Geschäftsfelder und Regionen wie folgt zusammengefasst:

Geschäftsfelder	2006	2005
Ingenieurbau	2.973	2.747
Hoch- und Industriebau	2.069	2.081
Dienstleistungen	2.881	2.250
Betreiberprojekte	25	14
Konsolidierung, Sonstiges	-12	-31
Gesamt	7.936	7.061
Regionen		
Inland	2.720	2.390
Europa ohne Deutschland	1.828	1.500
Afrika	587	681
Amerika	633	540
Asien	183	139
Australien	1.985	1.811
Ausland	5.216	4.671
Gesamt	7.936	7.061

(Bilfinger Berger, Geschäftsbericht 2006, S. 115)

Unter Einbehalten sind Beträge für Teilabrechnungen, die erst bei Erfüllung von im Vertrag festgelegten Bedingungen oder bei erfolgter Fehlerbehebung bezahlt werden, zu verstehen. Teilabrechnungen sind für eine vertragsgemäß erbrachte

---

133 IAS 11.40.

Leistung in Rechnung gestellte Beträge, unabhängig davon, ob sie vom Kunden bezahlt wurden oder nicht. Anzahlungen sind Beträge, die beim Auftragnehmer eingehen, bevor die dazugehörige Leistung erbracht ist.[134]
Darüber hinaus hat ein Unternehmen folgendes anzugeben:[135]
- (a) Fertigungsaufträge mit aktivischem Saldo gegenüber Kunden als Vermögenswert; und
- (b) Fertigungsaufträge mit passivischem Saldo gegenüber Kunden als Schulden.

Die Fertigungsaufträge mit aktivischem Saldo gegenüber Kunden setzen sich aus den folgenden Nettobeträgen zusammen für alle laufenden Aufträge zusammen, für die die angefallenen Kosten plus der ausgewiesenen Gewinne (abzüglich der ausgewiesenen Verluste) die Teilabrechnungen übersteigen:[136]
- (a) der angefallenen Kosten plus ausgewiesenen Gewinnen; abzüglich
- (b) der Summe der ausgewiesenen Verluste und der Teilabrechnungen

Die Fertigungsaufträge mit passivischem Saldo gegenüber Kunden setzen sich aus den folgenden Nettobeträgen für alle laufenden Aufträge zusammen, bei denen die Teilabrechnungen die angefallenen Kosten plus die ausgewiesenen Gewinne (abzüglich der ausgewiesenen Verluste) übersteigen:[137]
- (a) der angefallenen Kosten plus ausgewiesenen Gewinnen; abzüglich
- (b) der Summe der ausgewiesenen Verluste und der Teilabrechnungen

Die zum Bilanzstichtag nach der Percentage of Completion Methode bewerteten, aber noch nicht schlussabgerechneten Fertigungsaufträge sind wie folgt ausgewiesen:

	31.12.06	31.12.05
Angefallene Kosten zuzüglich Ergebnisse nicht abgerechneter Projekte	5.334,4	4.866,2
abzüglich gestellter Abschlagsrechnungen	5.385,9	4.879,0
Saldo	-51,5	-12,8
davon: künftige Forderungen aus Fertigungsaufträgen	271,8	251,6
davon: Verbindlichkeiten aus Percentage of Completion	323,3	264,4

(Bilfinger Berger, Geschäftsbericht 2006, S. 130)

Forderungen aus Percentage-of-Completion
Bei den Forderungen aus Percentage-of-Completion (PoC) wurden angefallene Auftragskosten einschließlich Ergebnisbeiträgen mit Anzahlungen verrechnet.

---

134 IAS 11.41.
135 IAS 11.42.
136 IAS 11.43.
137 IAS 11.44.

2 Fertigungsaufträge

> Für langfristige Fertigungsaufträge wurden bis zum Bilanzstichtag angefallene Auftragskosten und ausgewiesene Gewinne in Höhe von 1,801 Mrd. € (Vj. 2,052 Mrd. €) mit erhaltenen Anzahlungen in Höhe von 2,811 Mrd. € (Vj. 2,734 Mrd. €) verrechnet. Daraus resultieren Forderungen in Höhe von 46 Mio. € (Vj. 28 Mio. €) und Verbindlichkeiten in Höhe von 1,056 Mrd. € (Vj. 710 Mio. €).
> (Linde, Geschäftsbericht 2006, S. 129)

Weitere Angabepflichten können sich aus dem IAS 37 für Eventualschulden und Eventualforderungen ergeben.[138]

2.3 Unterschiede zum HGB

2.3.1 Aktueller Stand

Fertigungsaufträge werden nach HGB insbesondere durch das Realisationsprinzip beeinflusst. Da Erträge erst bei Realisation verbucht werden dürfen, ist eine Verbuchung nach Projektfortschritt nicht erlaubt. Nur im Fall von erwarteten Verlusten unterscheiden sich IFRS und HGB in der Ergebniswirkung nicht, da auch das HGB eine sofortige Erfassung von Verlusten vorsieht.

2.3.2 Reform des HGB

An der Bilanzierung von Fertigungsaufträgen ändert sich durch die HGB-Reform nichts. Eine Übernahme der IFRS-Regeln wurde zwar im Vorfeld diskutiert, konnte sich letztendlich aber nicht durchsetzen.

---

138 IAS 11.45.

3 Forderungen

Leitfragen

- Nach welchen Regeln werden Forderungen nach IFRS bewertet?
- Welche bilanzpolitischen Möglichkeiten bestehen?
- Wie sind Wertberichtigungen zu kalkulieren?

Forderungen sind gemäß IAS 1.68(h) als eigenständige Bilanzposition als „Forderungen aus Lieferungen und Leistungen und sonstige Forderungen" auszuweisen. Entweder in der Bilanz oder im Anhang sind die Forderungen wie folgt zu untergliedern: Forderungen werden in Beträge, die von Handelskunden, nahe stehenden Unternehmen und Personen gefordert werden, sowie in Vorauszahlungen und sonstige Beträge gegliedert.[139]

3.1 Kreditbegriff nach IAS 39

Kredite und Forderungen werden gemeinsam mit Wertpapieren im IAS 39 „Finanzinstrumente" behandelt. Kredite und Forderungen sind solche nicht derivativen finanziellen Vermögenswerte mit festen oder bestimmbaren Zahlungen, die nicht an einem aktiven Markt notiert sind.[140] Ausnahmen gelten für

- solche Kredite und Forderungen, die sofort oder kurzfristig veräußert werden sollen und damit als Handelsbestand eingestuft werden,
- solche Kredite und Forderungen, die nach erstmaligem Ansatz als zur Veräußerung verfügbar klassifiziert werden, sowie
- solche Kredite und Forderungen, für die der Inhaber seine ursprüngliche Investition infolge anderer Gründe als einer Bonitätsverschlechterung nicht mehr nahezu vollständig wiedererlangen könnte und die dann als zur Veräußerung verfügbar klassifiziert werden.

Zu den Krediten und Forderungen zählen ausdrücklich „Kredite, Forderungen aus Lieferungen und Leistungen, Investitionen in Schuldinstrumenten und Bankeinlagen."[141] Somit erlangt der IAS 39 für Forderungen aller Branchen Gültigkeit.

---

139 IAS 1.75(b).
140 IAS 39.9.
141 IAS 39, AG 26.

Die Klasse „zur Veräußerung verfügbar" stellt dabei die Restklasse der Finanzinstrumente dar. Wertpapiere, hierzu zählen etwa Aktien oder GmbH-Anteile, nicht aber Anteile an verbundenen Unternehmen oder at equity bewertete Unternehmen, werden nach IFRS in drei Kategorien eingeordnet:
- Wertpapiere, die bis zur Endfälligkeit gehalten werden (held-to-maturity securities): hier können ausschließlich Wertpapiere eingeordnet werden, die eine Endfälligkeit aufweisen, also etwa Schuldverschreibungen. Aktien sind hier nicht einordenbar.
- Wertpapiere, die zu Handelszwecken gehalten werden (trading securities): hier werden Wertpapiere eingeordnet, deren kurzfristiger Verkauf angestrebt wird.
- Alle anderen Wertpapiere werden in die Kategorie zu Veräußerung gehalten eingeordnet (available-for-sale securities).

Trading securities und available-for-sale securities werden jeweils in der Bilanz zum Marktwert bewertet. Dabei ist allerdings zu beachten, dass die Wertveränderungen von available-for-sale securities erfolgsneutral über die Eigenkapitalveränderungsrechnung erfolgt und nicht erfolgswirksam über die GuV. Die Erfolgswirksamkeit findet erst bei Veräußerung bzw. dauernder Wertminderung statt. Held-to-maturity securities werden zu Anschaffungskosten bilanziert. Marktveränderungen bei trading securities und daraus entstehende Zins- oder Dividendenerträge werden direkt erfolgswirksam über die GuV verbucht.

3.2 Erstmalige Bewertung nach IAS 39

Für die erstmalige Bewertung lässt der IAS 39 die Wahl, Kredite und Forderungen generell zum beizulegenden Zeitwert zu bewerten.[142] Diese Option nutzen Banken und Versicherungen regelmäßig aus.

> **Beispiel**:
> Die HypoVereinsbank weist beispielsweise für die Forderungen im Geschäftsbericht 2005 diejenigen Beträge aus, die erfolgswirksam zum beizulegenden Zeitwert bewertet werden:
> „Der Buchwert der Forderungen an Kreditinstitute, die beim erstmaligen Ansatz als erfolgswirksam zum beizulegenden Zeitwert zu bewertende finanzielle Vermögenswerte designiert werden (Fair-Value-Option), beträgt 598 Mio. €."
> „Der Buchwert der Forderungen an Kunden, die beim erstmaligen Ansatz als erfolgswirksam zum beizulegenden Zeitwert zu bewertende finanzielle Vermögenswerte designiert werden (Fair-Value-Option), beträgt 2384 Mio. €."

---

142 IAS 39.43.

Ansonsten sind Kredite und Forderungen zu ihrem beizulegenden Zeitwert zu bewerten, wobei mögliche Transaktionskosten einzubeziehen sind.[143]

> **Bilanzpolitische Perspektive**
>
> Die Bewertung zum beizulegenden Zeitwert ist aus bilanzpolitischen Gründen nutzbar. In Zeiten sinkender Zinsen steigt der Wert von Forderungen und in Zeiten steigender Zinsen sinkt der Wert. Bei erwartetem Zinsanstieg und gewollter Unterbewertung der Forderungen (und damit Legung stiller Reserven) ist diese Kategorie damit bilanzpolitisch einsetzbar, da der Rückzahlungswert beim „Nennwert" liegt. Umgekehrt lassen sich stille Lasten in Jahren sinkender Zinsen einbauen, da damit der Barwert höher als der Rückzahlungswert ist.

Der beizulegende Zeitwert ist dabei der Betrag, zu dem zwischen sachverständigen, vertragswilligen und voneinander unabhängigen Geschäftspartnern ein Vermögenswert getauscht oder eine Schuld beglichen werden könnte.[144] Der beizulegende Zeitwert eines langfristigen Kredits oder einer langfristigen Forderung ohne Verzinsung kann beispielsweise als der Barwert aller künftigen Einzahlungen geschätzt werden, die unter Verwendung des herrschenden Marktzinses für ein ähnliches Instrument (vergleichbar im Hinblick auf Währung, Laufzeit, Art des Zinssatzes und sonstiger Faktoren) mit vergleichbarer Bonität abgezinst werden.[145]

Wenn ein Unternehmen einen Kredit ausreicht, der zu einem marktunüblichen Zinssatz verzinst wird (z. B. zu 5 Prozent, wenn der Marktzinssatz für ähnliche Kredite 8 Prozent beträgt), und als Entschädigung ein im Voraus gezahltes Entgelt erhält, setzt das Unternehmen den Kredit zu dessen beizulegendem Zeitwert an, d. h. abzüglich des erhaltenen Entgelts. Das Unternehmen schreibt das Disagio erfolgswirksam unter Anwendung der Effektivzinsmethode zu.[146]

Ausdrücklich wird darauf hingewiesen, dass dem beizulegenden Zeitwert die Prämisse der Unternehmensfortführung zugrunde liegt und die Bonität des Instruments widerspiegeln muss.[147]

Da ein aktiver Markt für Kredite und Forderungen ausgeschlossen werden kann, sind für die Bewertung folgende Bewertungsmethoden zu verwenden:[148]
- jüngste Geschäftsvorfälle zwischen sachverständigen, vertragswilligen und voneinander unabhängigen Geschäftspartnern,

> **Beispiel**:
> Vor kurzer Zeit hat die X-AG ein Darlehen von 10 Mio. € an den Kunden E an den Finanzinvestor Alpha für 85 % des Nennwerts veräußert. Ein von der X-AG

---

[143] IAS 39.43.
[144] IAS 39.9
[145] IAS 39, AG 64.
[146] IAS 39, AG 65.
[147] IAS 39, AG 69
[148] IAS 39.A74

> neu gegebenes Darlehen an E in Höhe von 12 Mio. € wird von der X-AG aufgrund des Abschlags beim Verkauf an Alpha ebenfalls mit 85 % des Nennwertes bewertet.

– der Vergleich mit dem aktuellen beizulegenden Zeitwert eines anderen, im Wesentlichen identischen Finanzinstruments,

> **Beispiel**:
> Die X-AG hat die Y-AG erworben. Bei der Überprüfung der Wertberichtigungen wird festgestellt, dass die Kredite an den Kunden F bei der X-AG auf 76 % des Nennwertes wertberichtigt wurden. Bei der Y-AG, die identische Kredite an F vergeben hat, wurden die Kredite bislang auf 82 % des Nennwertes wertberichtigt. Für das Kreditvolumen der Y-AG wird die Vorgehensweise der X-AG übernommen, so dass eine weitere Wertberichtigung in Höhe von 6 % des Nennwertes nötig wird.

– die diskontierten Cashflows,

Bei Verwendung von diskontierten Cashflows ist ein Diskontierungssatz zu wählen, die den derzeitigen Zinssätzen für Finanzinstrumente entsprechen, die im Wesentlichen gleiche Bedingungen und Eigenschaften aufweisen, wozu u. a. auch die Bonität des Finanzinstruments und die Restlaufzeit gehören.[149]

> **Beispiel**:
> Die X-AG hat an den Firmenkunden G einen Kredit vergeben, der zu 5 % verzinst wird und noch fünf Jahre Restlaufzeit aufweist. Der Nominalbetrag beträgt 100.000 €. Vergleichbare Finanzinstrumente werden mit 7 % verzinst.
> Der Barwert der Zahlungsreihe beträgt damit
> $$\frac{5.000\,€}{1{,}07} + \frac{5.000\,€}{1{,}07^2} + \frac{5.000\,€}{1{,}07^3} + \frac{5.000\,€}{1{,}07^4} + \frac{105.000\,€}{1{,}07^5} = 91.799{,}61\,€.$$
> Die Erstbewertung findet somit mit 91.799,61 € statt. 8.200,39 € werden direkt in den Aufwand gebucht.

– Optionspreismodelle.

Bei Optionspreismodellen im Kreditbereich werden die für Finanzinstrumente entwickelten Optionspreismodelle auf Kredite übertragen. Ohne in die tiefere Theorie der Optionspreistheorie eingehen zu wollen, sollen die grundlegenden Gedanken kurz dargestellt werden. Grundlage der Anwendung der Optionspreistheorie auf das Kreditgeschäft ist der Vergleich des Marktwertes der Aktiva mit dem Marktwert des Fremdkapitals. Liegt der Marktwert der Aktiva

---

[149] IAS 39.A79.

über dem Marktwert des Fremdkapitals, so stellt sich aus der Sicht des Kreditgebers kein Problem dar. Eine Krisensituation stellt sich erst dann ein, wenn der Marktwert des Fremdkapitals über dem Marktwert der Aktiva liegt. Eine solche Situation lässt sich über eine Put-Option abbilden.[150]

3.3 Wertberichtigungen nach IAS 39

3.3.1 Allgemeine Regeln

Kredite und Forderungen sind zu fortgeführten Anschaffungskosten unter Anwendung der Effektivzinsmethode zu bewerten.[151] Dabei ist der Effektivzins derjenige Zins, mit dem die geschätzten künftigen Ein- und Auszahlungen über die erwartete Laufzeit des Finanzinstruments oder eine kürzere Laufzeit, sofern dies zutreffend ist, exakt auf den Nettobuchwert abgezinst werden. Dabei sind alle Vertragsbedingungen zu berücksichtigen, nicht aber künftige Kreditausfälle.[152]

Beispiel:
Ein Kredit mit einem Nominalzins von 5 % wird zu 95 % ausgezahlt. Die Laufzeit beträgt zwei Jahre. Der effektive = interne Zinssatz ergibt sich dabei als

$$0 = -95 + \frac{5}{1+i} + \frac{105}{(1+i)^2} = \text{ mit } i = \text{effektiver Zinssatz}$$

Der effektive Zinssatz ergibt sich damit mit 7,794 %.
Der Zinsertrag/-aufwand wird daraufhin nach dem effektiven Zinssatz verteilt.

Beispiel:

Jahr	Amortisierte Kosten zum 31.12.	Zinsertrag (amortisierte Kosten × effektiver Zins)	Zinszahlung	Bilanzansatz zum 1.1. = amortisiert Kosten + Zinsertrag – Zinszahlung
1	95,00	7,41	5	97,41
2	97,41	7,59	5	100,00

Somit werden im ersten Jahr 7,41 pro 100 Nennwert verbucht, während nur 5 zur Auszahlung gelangen. Im zweiten Jahr wird ein Ertrag von 7,59 vereinnahmt, während die Zinszahlung 5 und die Tilgungszahlung 100 beträgt.

---
150 Vgl. Schiller / Tytko (2001), S. 233 ff.
151 IAS 39.46.

Gewinne oder Verluste aus Krediten und Forderungen werden im Periodenergebnis erfasst, wenn diese ausgebucht oder wertgemindert sind sowie im Rahmen von Amortisationen.[153]

An jedem Bilanzstichtag hat eine Bank, aber auch jedes andere Unternehmen, zu ermitteln, ob objektive Hinweise darauf schließen lassen, dass eine Wertminderung eines Kredites bzw. einer Forderung vorliegt.[154] Zu solchen objektiven Hinweisen zählen etwa[155]

- erhebliche finanzielle Schwierigkeiten des Emittenten oder des Schuldners,

Beispiel:
Es wird der X-AG bekannt, dass der Schuldner A seine Lieferantenrechnungen nicht mehr bezahlen kann.

- ein Vertragsbruch wie ein Ausfall oder ein Zahlungsverzug von Zins- oder Tilgungsleistungen,

Beispiel:
Kunde B zahlt die fällige Kreditrate nicht an die X-AG.

- Zugeständnisse des Kreditgebers an den Kreditnehmer infolge wirtschaftlicher oder rechtlicher Gründe im Zusammenhang mit den finanziellen Schwierigkeiten des Kreditnehmers, die der Kreditgeber ansonsten nicht gewähren würde,

Beispiel:
Da die X-AG einen Zahlungsausfall bei Kunde C befürchtet, wird eine Verschiebung der fälligen Zinszahlungen auf einen späteren Termin vereinbart.

- eine erhöhte Wahrscheinlichkeit der Insolvenz oder eines sonstigen Sanierungsverfahrens.

Beispiel:
Das Rating von Kunde D wird verschlechtert, da sich die Ertragskennzahlen deutlich verschlechtert haben. Dies lässt auf eine größere Insolvenzwahrscheinlichkeit schließen.

Der Verlust aus einer Wertminderung ergibt sich bei Krediten und Forderungen als Differenz zwischen dem Buchwert und dem Barwert der erwarteten künftigen Cashflows (ohne künftige, noch nicht erlittene Kreditausfälle), die mit dem ur-

---

152 IAS 39.9.
153 IAS 39.56.
154 IAS 39.58.
155 IAS 39.59.

3.3 Wertberichtigungen nach IAS 39

sprünglichen Effektivzins abgezinst werden.[156] Falls der Abzinsungseffekt unwesentlich ist, muss eine Abzinsung kurzfristiger Cashflows nicht erfolgen. Damit werden die Forderungen aus Lieferungen und Leistungen bei vielen Unternehmen pragmatisch ähnlich behandelt wie nach dem HGB. Bei variabel verzinslichen Krediten ist der aktuelle effektive Zinssatz zu verwenden.[157]

Kredite und Forderungen, die ähnliche Ausfallrisikoeigenschaften haben, sind zum Zwecke einer gemeinsamen Wertminderungsbeurteilung zusammenzufassen.[158] Künftige Cashflows aus einer solchen Gruppe sind auf Basis historischer Ausfallquoten zu schätzen, wobei die Ausfallquote an aktuelle Gegebenheiten anzupassen ist.[159]

In zukünftigen Perioden ist die Wertberichtigung wieder insoweit zurückzuführen, soweit eine Verringerung der Wertberichtigung aufgrund nach der Erfassung der Wertminderung aufgetretene Sachverhalte zurückgeführt werden kann, beispielsweise durch die Verbesserung des Bonitätsratings des Schuldners. Die fortgeführten Anschaffungskosten dürfen dabei nicht überschritten werden.[160]

> **Beispiel**:
> Die X-Bank hat einen Kredit an den Kunden A mit einem Buchwert von 20 Mio. €. Der Barwert des Krediets beträgt 18 Mio. €. Damit besteht ein Abwertungsbedarf von 2 Mio. €.
> Im folgenden Jahr steigt der Barwert auf 19 Mio. €. Es ist eine Wertaufholung von 1 Mio. € notwendig.

Auch Pauschalwertberichtigungen werden auf Basis der angesprochenen Gruppenbewertung gebildet,[161] wie nachfolgende Beispiele zeigen:

> Für eingetretene, aber von der jeweiligen Konzerneinheit noch nicht identifizierte Risiken werden darüber hinaus für Gruppen finanzieller Vermögenswerte mit vergleichbaren Ausfallrisikoprofilen Portfoliowertberichtigungen gebildet, deren Höhe auf der Basis historischer Ausfallquoten ermittelt wird. (Postbank, Geschäftsbericht 2005, S. 117)
>
> Die auf Portfoliobasis ermittelten Wertberichtigungen werden im Aareal Bank Konzern auf Basis konzernspezifischer Ausfalldaten ermittelt. Die für die Berechnung verwendeten Risikoparameter richten sich in erster Linie nach den in regelmäßigen Abständen ermittelten durchschnittlichen Beleihungsausläufen im Immobilienkreditportfolio des Konzerns. (Aareal Bank, Geschäftsbericht 2005, S. 87).

---

156 IAS 39.63; vgl. auch Kehm / Lüdenbach (2007), Rz. 122.
157 IAS 39.AG 84.
158 IAS 39.AG 87.
159 IAS 39.AG 89.
160 IAS 39.65.
161 IAS 39.AG 89

Einen Gesamtüberblick über die Risikovorsorge nach IFRS gibt die Commerzbank (Geschäftsbericht 2005, S. 114):

> Den besonderen Risiken des Bankgeschäfts tragen wir durch die Bildung von Einzelwertberichtigungen und Portfoliowertberichtigungen in vollem Umfang Rechnung.
> Für die bei Kunden- und Bankenforderungen vorhandenen Bonitätsrisiken sind nach konzerneinheitlichen Maßstäben Einzelwertberichtigungen gebildet worden. Die Wertberichtigung eines Kredits ist angezeigt, wenn aufgrund beobachtbarer Kriterien wahrscheinlich ist, dass nicht alle Zins- und Tilgungsverpflichtungen vertragsmäßig geleistet werden können. Die Höhe der Wertberichtigung entspricht der Differenz zwischen dem Buchwert des Kredits abzüglich werthaltiger Sicherheiten und dem Barwert der erwarteten künftigen Cash Flows, abgezinst mit dem ursprünglichen effektiven Zinssatz des Kredits. Weiterhin tragen wir Kreditrisiken in Form von Portfoliowertberichtigungen Rechnung. Maßstab für die Höhe der zu bildenden Portfoliowertberichtigungen sind die eingetretenen Kreditausfälle, differenziert nach Teilportfolien gemäß Bilanzausweis.
> Der Gesamtbetrag der Risikovorsorge wird, sofern er sich auf bilanzielle Forderungen bezieht, offen von den Forderungen an Kreditinstitute und Kunden abgesetzt. Die Risikovorsorge für außerbilanzielle Geschäfte (Avale, Indossamentsverbindlichkeiten, Kreditzusagen) wird hingegen als Rückstellung für Risiken aus dem Kreditgeschäft gezeigt.
> Uneinbringliche Forderungen, für die keine Einzelwertberichtigung bestand, werden direkt abgeschrieben. Eingänge auf abgeschriebene Forderungen werden erfolgswirksam erfasst.

Zu der Behandlung von Länderrisiken gibt etwa die HypoVereinsbank an (Geschäftsbericht 2005, S. 84):

> Länderrisikomessung:
> Die Länderrisikomessung in der HVB Group wird im Wesentlichen durch die kurz- und mittelfristigen Länderratings bestimmt. Die Bonitätseinstufungen von Ländern bestehen aus zwei Komponenten: mit empirisch kalibrierten statistischen Modellen lassen sich auf Basis von makroökonomischen Faktoren Ausfallwahrscheinlichkeiten und Verlustquoten bestimmen. Zudem ist die Beurteilung der politischen und sonstigen Soft Facts ein bestimmender Einflussfaktor für das finale Rating von Staaten, das in der HVB Group durch den unabhängigen volkswirtschaftlichen Research-Bereich vergeben wird. Neben der Ausfallwahrscheinlichkeit und der Verlustquote wird auch die Strukturierung der Geschäfte in der Länderrisikomessung berücksichtigt.

Auf die Besonderheiten bei der Absicherung von Krediten und Forderungen durch Kreditderivate wird im Folgenden nicht weiter eingegangen.[162]

3.3.2 Schätzmethoden der Praxis

Während die allgemeinen Regeln speziell für die Bedürfnisse von Kreditinstituten erlassen wurden, die aufgrund der Geschäftsstruktur ein viel größeres Forderungsvolumen haben als Nichtbanken, verwenden Industrieunternehmen häufig aus Wesentlichkeitsgründen Vereinfachungsverfahren für die Folgebewertung von Forderungen. International finden zwei Verfahren als Schätzmethoden Anwendung:
1. Die percentage-of-sales-method und
2. die aging method.

Während die percentage-of-sales-method das Ziel einer bestmöglichen zeitlichen Zuordnung von Erträgen und Aufwendungen verfolgt, ist es Ziel der aging method, die tatsächlichen Nettoveräußerungswerte der Forderungen in der Bilanz darzustellen.[163] Sie verfolgen jeweils den Ansatz der pauschalen Wertberichtigung auf Portfoliobasis gemäß IAS 39.AG87.

3.3.2.1 Die percentage-of-sales-method

Bei der percentage-of-sales-method werden die historischen Forderungsausfälle der Vergangenheit in Beziehung zu den Kreditverkäufen der Vergangenheit gesetzt und der aus den historischen Werten ermittelte Wert auf die Verkäufe der aktuellen Periode angewendet.[164]

Beispiel:
Die X-AG wies in den letzten drei Jahren folgende Werte auf:

	Jahr 1	Jahr 2	Jahr 3
Kreditverkäufe	4.000	5.000	8.000
Ausfälle	500	600	800

Daraus wird die Ausfallquote bestimmt:

	Jahr 1	Jahr 2	Jahr 3
Ausfallquote	12,5 %	12,0 %	10,0 %

Aus diesen Werten wird nun die durchschnittliche Ausfallquote mit 11,5 % bestimmt (arithmetisches Mittel der drei Werte).
Bei aktuellen Kreditverkäufen von 10.000 entspricht die Wertminderung auf die Forderungen 1.150.

---

162 Vgl. Beyer, S. (2008).
163 Vgl. Beine / Meyer (2007), S. 159.
164 Vgl. Beine / Meyer (2007), S. 159.

3.3.2.2 Die aging method

Bei der aging method wird das Alter der Forderungen betrachtet und es wird auf das jeweilige „Laufzeitband" der separate Anteil an Forderungsausfällen der Vergangenheit angewendet.[165]

Beispiel:
Die X-AG wies in den letzten drei Jahren folgende Werte auf:

	Alter der Forderungen		
	< 30 Tage	30-60 Tage	> 60 Tage
Kreditverkäufe	2.000	800	400
ØAusfallquote der Vergangenheit	1,5 %	6 %	12 %

Die notwendigen Wertminderungen ergeben sich nun wie folgt:

	Alter der Forderungen		
	< 30 Tage	30-60 Tage	> 60 Tage
Wertminderungen	30	48	48

Die Wertminderungen betragen damit insgesamt 126.

3.4 Ausbuchung einer Forderung

Die Ausbuchung einer Forderung ist im nachfolgenden Schema dargestellt, das direkt dem IAS 39 entnommen wurde.[166]

---

165 Vgl. Beine / Meyer (2007), S. 160, vgl. auch Kehm / Lüdenbach (2007), Rz. 124.
166 Entnommen aus IAS 39, AG 36.

3.4 Ausbuchung einer Forderung

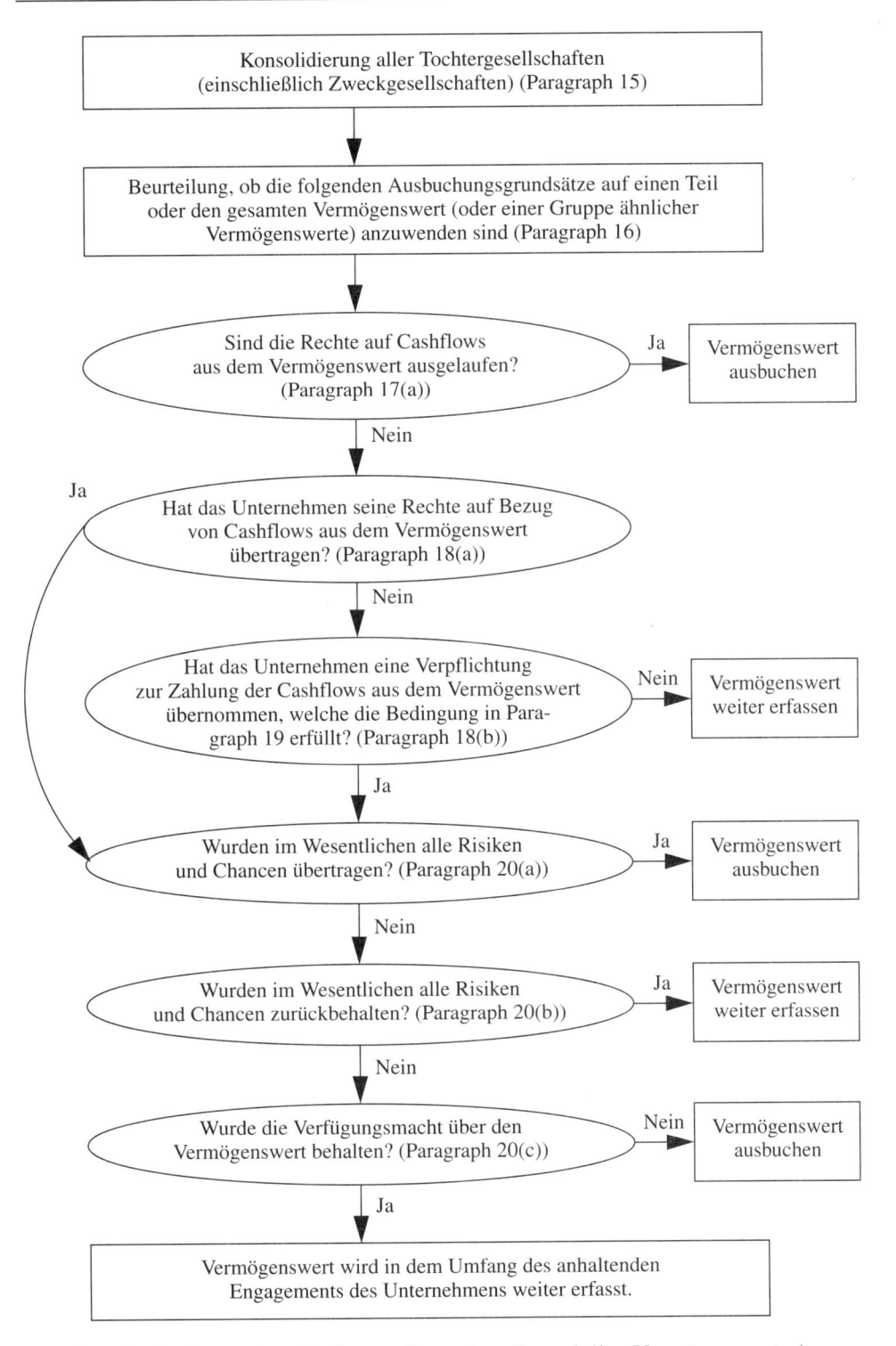

```
┌─────────────────────────────────────────────────┐
│ Konsolidierung aller Tochtergesellschaften      │
│ (einschließlich Zweckgesellschaften) (Paragraph 15) │
└─────────────────────────────────────────────────┘
                        │
                        ▼
┌─────────────────────────────────────────────────┐
│ Beurteilung, ob die folgenden Ausbuchungsgrundsätze │
│ auf einen Teil oder den gesamten Vermögenswert  │
│ (oder einer Gruppe ähnlicher Vermögenswerte)    │
│ anzuwenden sind (Paragraph 16)                  │
└─────────────────────────────────────────────────┘
                        │
                        ▼
       ( Sind die Rechte auf Cashflows           Ja     ┌──────────────┐
         aus dem Vermögenswert ausgelaufen? )─────────▶│ Vermögenswert│
         (Paragraph 17(a))                              │ ausbuchen    │
                        │                               └──────────────┘
                        │ Nein
                        ▼
Ja      ( Hat das Unternehmen seine Rechte auf Bezug
 ◀──────  von Cashflows aus dem Vermögenswert
          übertragen? (Paragraph 18(a)) )
                        │
                        │ Nein
                        ▼
        ( Hat das Unternehmen eine Verpflichtung      Nein  ┌──────────────┐
          zur Zahlung der Cashflows aus dem Vermögenswert ─▶│ Vermögenswert│
          übernommen, welche die Bedingung in Para-         │ weiter erfassen│
          graph 19 erfüllt? (Paragraph 18(b)) )              └──────────────┘
                        │
                        │ Ja
                        ▼
        ( Wurden im Wesentlichen alle Risiken       Ja     ┌──────────────┐
          und Chancen übertragen? (Paragraph 20(a)) )─────▶│ Vermögenswert│
                                                           │ ausbuchen    │
                        │ Nein                             └──────────────┘
                        ▼
        ( Wurden im Wesentlichen alle Risiken       Ja     ┌──────────────┐
          und Chancen zurückbehalten? (Paragraph 20(b)) )─▶│ Vermögenswert│
                                                           │ weiter erfassen│
                        │ Nein                             └──────────────┘
                        ▼
        ( Wurde die Verfügungsmacht über den        Nein   ┌──────────────┐
          Vermögenswert behalten? (Paragraph 20(c)) )─────▶│ Vermögenswert│
                                                           │ ausbuchen    │
                        │ Ja                               └──────────────┘
                        ▼
┌─────────────────────────────────────────────────┐
│ Vermögenswert wird in dem Umfang des anhaltenden│
│ Engagements des Unternehmens weiter erfasst.    │
└─────────────────────────────────────────────────┘
```

Abb. 3-1: Ausbuchung einer Forderung (bzw. eines finanziellen Vermögenswertes)

3.5 Kreditrisiko nach IFRS 7

Der in 2005 verabschiedete IFRS 7 beinhaltet Angabepflichten für Finanzinstrumente im Jahresabschluss. Er ist ab dem 1.1.2007 anzuwenden und ersetzt den IAS 30, der bislang der einzige bankspezifische Standard war. Dabei ist der IFRS 7 als Ergänzung zu den bereits für Finanzinstrumente existierende Standards IAS 32 und IAS 39 gedacht. Dementsprechend werden auch die Begriffsdefinitionen aus den IAS 32 und IAS 39 übernommen.

Anzuwenden ist der IFRS 7 auf alle Finanzinstrumente mit Ausnahmen für Beteiligungen, Leistungen an Arbeitnehmer inkl. anteilsbasierter Vergütung, Versicherungsverträgen sowie Verträge über die bedingte Berücksichtigung bei einem Unternehmenszusammenschluss.[167] Nachfolgend werden nur diejenigen Vorschriften genauer dargelegt, die mit den Forderungen zu tun haben.

Der IFRS 7 verlangt von Unternehmen, diejenigen Informationen offen zu legen, die der Bilanzleser benötigt, um die Bedeutung der Finanzinstrumenten für die Finanzlage und den Unternehmenserfolg des Unternehmens bewerten zu können.[168]

In der Bilanz oder im Anhang zur Bilanz sind anzugeben die **Buchwerte**[169]
- der erfolgswirksam zum beizulegenden Zeitwert bewerteten finanziellen Vermögenswerten, wobei die beim erstmaligen Ansatz so eingestuften Vermögenswerte vom Handelsbestand getrennt werden müssen,
- der bis zur Endfälligkeit gehaltenen Finanzinvestitionen,
- Kredite und Forderungen,
- zur Veräußerung gehaltene finanzielle Vermögenswerte,
- finanzielle Verbindlichkeiten, die zum Restbuchwert bewertet werden.

Besondere Angaben sind nötig, wenn Kredite oder Forderungen als **erfolgswirksam zum beizulegenden Zeitwert** zu bewerten eingestuft werden (IFRS 7.9):
- das Höchstengagement bezüglich des Kreditrisikos,
- der Betrag, mit dem etwaige Kreditderivate oder ähnliche Instrumente das Höchstengagement abschwächen,
- den Betrag während des Berichtszeitraums und in kumulativer Form die Änderung des beizulegenden Zeitwertes des Kredites bzw., der Forderung, der durch die Änderungen des Kreditrisikos des finanziellen Vermögenswertes bedingt ist und sich wie folgt bestimmt:
  - der Betrag der Änderung des beizulegenden Zeitwertes, der nicht auf Änderungen der Marktbedingungen zurückzuführen ist, die zu einem Marktrisiko geführt haben, oder
  - durch Verwendung einer alternativen Methode, durch die die Auswirkung der Änderung des Kreditrisikos auf den beizulegenden Zeitwert besser ermittelt werden kann

---

167 IFRS 7.3.
168 IFRS 7.7.
169 IFRS 7.8.

- der Betrag der Änderung des beizulegenden Zeitwertes etwaiger verbundener Kreditderivate oder ähnlicher Instrumente, der während des Berichtszeitraums und kumulativ seit der Einstufung des Kredites oder der Forderung eingetreten ist.

Die verwendeten Methoden zur Bestimmung des beizulegenden Zeitwertes sind dabei anzugeben.[170]

In der Gewinn- und Verlustrechnung hat ein Unternehmen die folgenden **Ertrags- und Aufwandsposten**, Gewinn- und Verlustposten entweder in der Gewinn- und Verlustrechnung oder im Anhang dazu anzugeben:[171]

- Nettogewinne oder -verluste aus:
- erfolgswirksam zum beizulegenden Zeitwert bewerteten finanziellen Vermögenswerten, wobei diejenigen, die beim erstmaligen Ansatz so eingestuft wurden, von den Handelsbeständen zu trennen sind,
- zur Veräußerung verfügbare finanzielle Vermögenswerte,
- die gesondert den Betrag des Gewinns oder des Verlusts ausweisen,
- der direkt im Eigenkapital während des Berichtszeitraums verbucht wird, sowie
- den Betrag, der dem Eigenkapital entnommen und in der Gewinn- und Verlustrechnung während des Berichtszeitraums verbucht wird,
- bis zur Endfälligkeit zu haltende Finanzinvestitionen,
- Kredit und Forderungen,
- finanzielle Verbindlichkeiten
- den Betrag aus einem etwaigen Minderungsverlust für jede Kategorie finanzieller Vermögenswerte.

Über die **Risiken**, also auch Kreditrisiken, hat ein Unternehmen solche Angaben zu machen, die es den Jahresabschlussadressaten ermöglichen, Art und Ausmaß der Risiken zu beurteilen, die sich aus Finanzinstrumenten ergeben, denen das Unternehmen am Jahresabschlussstichtag ausgesetzt ist.[172] Dabei hat das Unternehmen folgende Angaben zu machen:[173]

- die Risikoexpositionen und die Art und Weise ihrer Entstehung sowie die Änderungen gegenüber früheren Berichtsperioden,
- die Ziele, Strategien und Verfahren zur Steuerung der Risiken sowie die Methoden zur Messung des Risikos sowie die Änderungen gegenüber früheren Berichtsperioden,
- die Risikokonzentration.

Zum **Kreditrisiko** sind darüber hinaus spezielle Angaben zu machen:[174]

---

170 IFRS 7.11.
171 IFRS 7.20.
172 IFRS 7.31.
173 IFRS 7.33 und 34.
174 IFRS 7.36.

- den Betrag, der die maximale Kreditrisikoexposition am Abschlussstichtag am Besten widerspiegelt, und zwar ohne Berücksichtigung etwaiger gehaltener Sicherheiten oder sonstiger Kreditverbesserungen,
- in Bezug darauf eine Beschreibung der als ein Wertpapier gehaltenen Sicherheit und sonstiger Kreditverbesserungen,
- Informationen über die Kreditqualität solcher finanzieller Vermögenswerte, die weder überfällig noch wertgemindert sind,
- den Buchwert derjenigen finanziellen Vermögenswerte, die ansonsten überfällig oder wertgemindert wären und deren Konditionen neu ausgehandelt wurden.

Zu Krediten, die entweder **überfällig oder wertgemindert** sind, müssen folgende Angaben gemacht werden:[175]
- eine Analyse des Alters der finanziellen Vermögenswerte, die zum Abschlussstichtag überfällig, aber nicht wertgemindert sind,
- eine Analyse der finanziellen Vermögenswerte, die einzeln als zum Abschlussstichtag wertgemindert bestimmt werden, einschließlich der Faktoren, die das Unternehmen bei der Festlegung der Tatsache, dass sie wertgemindert sind, zu Grunde gelegt hat,
- sowie für die beiden aufgeführten Angaben eine Beschreibung der vom Unternehmen als ein Wertpapier gehaltenen Sicherheit und sonstiger Kreditverbesserungen bzw., soweit dies nicht möglich ist, eine Schätzung ihrer beizulegenden Zeitwerte.

3.6 Einzelwertberichtigungen

Einzelwertberichtigungen stellen Wertberichtungen für einzelne Vermögensgegenstände dar. **Notleidende Forderungen**, d. h. Forderungen, bei denen mit Ausfällen der Zins- und/oder Tilgungsleistungen zu rechnen ist, müssen wertberichtigt werden. Dazu muss die Ausfallwahrscheinlichkeit der jeweiligen Forderung hinreichend genau bestimmbar sein. Die Ausfallwahrscheinlichkeit hängt dabei von der Bonität des Schuldners und den zur Verfügung gestellten Sicherheiten ab.[176]

Generell lassen sich Kredite in vier Kategorien unterteilen, wobei Banken teilweise auch viel feinere Untergliederungen vornehmen:[177]
- Kredite ohne erkennbare Ausfallrisiken,
- anmerkungsbedürftige Kredite,
- notleidende Kredite sowie
- uneinbringliche Kredite.

---

175 IFRS 7.37.
176 Vgl. Müller (2000).
177 Vgl. Müller (2000).

Während bei Krediten ohne erkennbares Ausfallrisiko – wie es der Name schon sagt – kein Ausfallrisiko erkennbar ist, stehen anmerkungsbedürftige Kredite unter besonderer Beobachtung. Es ist bislang aber noch kein Einzelwertberichtigungsbedarf erkennbar. Bei notleidenden Krediten muss mit Ausfällen gerechnet werden, wohingegen uneinbringliche Kredite auszubuchen sind.

Die Bonität hängt von den Einzahlungsüberschüssen des Kreditnehmers ab. Nur ein Kreditnehmer, der ausreichende Überschüsse erwirtschaftet, kann die Verpflichtungen aus einem Kredit bedienen.

Bei Firmenkunden hängen die Einzahlungsüberschüsse von der laufenden Geschäftstätigkeit des Unternehmens ab bzw. – im Fall einer Zerschlagungsnotwendigkeit – vom Liquidationserlös.

Bei Privatkunden stammen die Einzahlungsüberschüsse dagegen aus den laufenden Einzahlungen aus Löhnen/Gehältern, Mieteinnahmen, Zinseinnahmen usw.

Im Rahmen des Firmenkundengeschäfts wird üblicherweise sowohl von Banken als auch von Nichtbanken die Bilanzanalyse zur Bonitätseinstufung eingesetzt. Als Bilanzanalyse bezeichnet man eine Methode, mit deren Hilfe Informationen aus Jahresabschlüssen so aufbereitet werden, dass sie den Informationszielen von Interessengruppen besser genügen, als die ursprünglichen Zahlen und Angaben des Jahresabschlusses.[178] Als Informationsziele, die alle Interessengruppen berühren, dienen einerseits die Beurteilung der Vermögens- bzw. Finanzlage und andererseits die Beurteilung der Ertragslage eines Unternehmens.[179] Diese Informationsziele münden in eine finanzwirtschaftliche und eine erfolgswirtschaftliche Analyse.[180]

Mit der finanzwirtschaftlichen Analyse sollen Informationen über die Bonität und die Liquidität eines Unternehmens gewonnen werden. Damit soll die Fähigkeit eines Unternehmens eingeschätzt werden, ob es seinen Zahlungsverpflichtungen nachkommen kann. Die finanzwirtschaftliche Analyse stellte in der Vergangenheit die wichtigere der beiden Analysearten der Bilanzanalyse dar, da die Bonität und Liquidität für die Bank die wichtigsten Ziele sind.

Die erfolgswirtschaftliche bildet neben der finanzwirtschaftlichen Analyse den zweiten großen Bereich der Bilanzanalyse. Ziel der erfolgswirtschaftlichen Analyse ist es, Aussagen über die Ertragskraft zu gewinnen. Um die Fähigkeit eines Unternehmens einschätzen zu können, in Zukunft Gewinne zu erwirtschaften, wird der handelsrechtliche Jahreserfolg durch Korrekturen und Umbuchungen aufbereitet. Im Rahmen einer strukturellen Erfolgsanalyse wird durch eine Erfolgsspaltung die Zerlegung des Erfolges in seine einzelnen Bestandteile vorgenommen.[181] Damit werden die einzelnen Erfolgsquellen getrennt, um genauer

---

178 Vgl. Gräfer (2001), S. 21.
179 Vgl. Baetge / Kirsch / Thiele (2004), S. 2.
180 Vgl. Kriete / Padberg / Werner (2004), S. 1 ff.; Lachnit (2004), S. 49.
181 Vgl. Gräfer (2001), S. 103 und S. 343; Coenenberg (2003), S. 917 ff.

analysiert werden zu können. Als wichtigste Kriterien für die Erfolgsspaltung nennen Baetge / Kirsch / Thiele die:[182]
- Nachhaltigkeit,
- Betriebszugehörigkeit und
- Periodenbezogenheit

des Unternehmenserfolges.

Als „nachhaltig" werden Erfolge angesehen, die „voraussichtlich auch künftig in ähnlicher Höhe auftreten werden"[183]. Sie werden als ordentlich definiert, während der verbleibende Rest als außerordentlich zu betrachten ist. Baetge räumt ein, dass „bei externen Analysen ... meistens nicht ausreichend Informationen (vorliegen), um die Nachhaltigkeit von einzelnen Sachverhalten/Geschäftsvorfällen ... beurteilen zu können."[184]

Ein Beispiel hierfür ist die HypoVereinsbank, die in ihr Schema der Gewinn- und Verlustrechnung eine Position „Betriebsergebnis" einsteuert (vgl. Tab. 3-1))

	2005 in Mio. €	2004 in Mio. €	2003 in Mio. €
Betriebsergebnis	1.813	1.389	896
Finanzanlageergebnis	321	102	61
Abschreibungen auf Geschäfts- oder Firmenwerte	0	165	232
Zuführung zu Restrukturierungsrückstellungen	546	250	0
Zuführung zu Sonderwertberichtigungen	0	2.500	0
Saldo übrige Erträge/Aufwendungen	-289	-357	-176
Ergebnis der gewöhnlichen Geschäftstätigkeit/Ergebnis vor Steuern	1.299	-1.781	549

Tab. 3-1: Ausschnitt aus der Gewinn- und Verlustrechnung der HypoVereinsbank (Geschäftsbericht 2004, S. 109; Geschäftsbericht 2005, S. 105)

Dieser Ausschnitt stammt in 2004 aus der um „Entkonsolidierungen, CTA („Contractual Trust Arrangements" = Planvermögen zur Finanzierung der Pensionsverpflichtungen, Anmerkung des Verfassers) und Sondereffekte bereinigten Vor-

---
182 Vgl. Baetge / Kirsch / Thiele (2004), S. 109.
183 Baetge (1998), S. 342.
184 Baetge (1998), S. 344.

jahr"-Gewinn- und Verlustrechnung. Damit versucht die HypoVereinsbank den Eindruck zu erwecken, als ob das Betriebsergebnis – also das aus dem eigentlichen, dem betrieblichen Bereich entstandene Ergebnis, um fast 500 Mio. € verbessert wurde. Einige mindestens diskussionswürdige Positionen werden dabei aber aus dem Betriebsergebnis herausgehalten, die man bilanzanalytisch durchaus auch als betrieblich ansehen könnte bzw. sogar muss. Ganz eindeutig sind hier Teile der übrigen Aufwendungen zu nennen. Hier werden etwa sonstige Steuern ausgewiesen. Allerdings sind sonstige Steuern Teil der Verwaltungsaufwendungen einer Bank, die über dem Betriebsergebnis angesiedelt sind. Daneben finden sich in den übrigen Aufwendungen Verlustübernahmen. Dies ist die korrespondierende Position zu den Erträgen aus verbundenen Unternehmen. Hinter diesen Positionen verbergen sich im Konzernabschluss die Erträge und Aufwendungen von nicht konsolidierten Unternehmen. Während die Erträge bei der HypoVereinsbank aber im Zinsüberschuss ausgewiesen werden (oberhalb des Betriebsergebnisses angesiedelt), werden die Aufwendungen in den übrigen Aufwendungen gezeigt (unterhalb des Betriebsergebnisses). Das so genannte Betriebsergebnis ist somit eine frei definierte Ergebnisdefinition, die keinen bzw. nur einen geringen Erklärungsgehalt für das Ergebnis der HypoVereinsbank hat.

Auch bei den anderen Positionen unterhalb des Betriebsergebnisses lässt sich darüber streiten, ob es sich um betriebliche Positionen handelt oder nicht. So stellen die Sonderwertberichtigungen etwa Risikovorsorge für das Kreditgeschäft dar, die von der HypoVereinsbank als „Sonder...", d.h. außerordentlich angesehen werden. Bilanzanalytisch wäre natürlich zu hinterfragen, ob dieser Wert tatsächlich außerordentlich ist oder nicht.

Wenn aber außerordentliche Aufwendungen aus den Angaben im Jahresabschluss ermittelbar sind, außerordentliche Erträge aber nicht, so entsteht daraus eine Lücke, die zu einer zu guten Beurteilung des operativen Ergebnisses einer Bank führt. „Nachhaltigkeit" ist somit eine aus einer externen Analyse schwer überprüfbare Eigenschaft.

Mit dem Kriterium der Betriebszugehörigkeit wird auf die eigentliche betriebliche Tätigkeit eines Unternehmens abgestellt. Die Betriebszugehörigkeit ist dadurch charakterisiert, dass ihr Fehlen unmittelbar die gewöhnliche Geschäftstätigkeit beeinträchtigt.[185] Ob Erfolgsbeiträge betrieblich oder nicht betrieblich entstanden sind, lässt sich dabei aber nicht immer eindeutig klären.[186]

Unter der Periodenbezogenheit wird die Zuordnung nur solcher Vorgänge verstanden, die in einer Periode verursacht wurden. Nicht der Periode zugehörige Vorgänge werden als außerordentlich eingestuft, um periodenübergreifende Erfolgsverlagerungen zu vermeiden. Auch hier scheitert die externe Nachvollziehbarkeit in der Regel an fehlenden Angaben im Jahresabschluss.[187]

---

185 Vgl. Baetge (1998), S. 344.
186 Vgl. Baetge (1998), S. 344.
187 Vgl. Baetge (1998), S. 344.

Die Probleme bei der Ermittlung von Daten für das Firmenkundengeschäft werden damit deutlich. Die Ermittlung der Risikovorsorge stellt damit ein elementares Problem dar.

Elementar für die Bewertung von Forderungen ist der Abzinsungssatz der zukünftigen Erträge aus der Forderung. Der Abzinsungssatz ist dabei ein risikoadäquater Zinssatz, in dem das spezifische Ausfallrisiko des Kreditnehmers eingeht.

Hier ist auch die Verbindung zu Basel II zu sehen. Die als Basel II bekannten Vorschläge des Baseler Ausschusses für Bankenaufsicht zur **Änderung der Eigenmittelunterlegung von ausfallrisikobehafteten Geschäften** haben u. a. zu einer lebhaften Diskussion über die Folgen für die Kreditversorgung des deutschen Mittelstandes geführt. Die Diskussion ist dabei vor allem von der Furcht vor einer **Verteuerung der Kredite** bzw. einem **Kreditnotstand für den Mittelstand** geprägt, wobei vor allem Pauschalargumente eingesetzt werden. Dies hat zu einer breiten Verunsicherung geführt, die vor allem aus der Unkenntnis über die Ziele und Auswirkungen von Basel II entstanden sind. Der Präsident des Bundesaufsichtsamtes für das Kreditwesen, Jochen Sanio, sah sich deshalb zu der Klarstellung veranlasst, Basel II sei „gut für die deutschen Banken und den deutschen Mittelstand" (o. V., HB v. 21. 6. 2001, S. 34).

Die Beurteilung der Bonität der Kreditnehmer erfolgt durch das so genannte Rating. Dieses zeigt an, wie groß die Wahrscheinlichkeit ist, dass der Kreditnehmer jetzt und zukünftig in der Lage sein wird, seinen Verbindlichkeiten fristgerecht nachzukommen. Diese Bonität wird von Banken oder externen Rating-Agenturen auf einer Skala gemessen, die z. B. bei den großen Rating-Agenturen von AAA bis zu C bzw. D reicht, während Kreditinstitute häufig die Skala 1 bis 10 nutzen.

Um die Auswirkungen von Basel II auf die Kreditkonditionen abschätzen zu können, muss man die Kalkulation eines Kreditzinses von Seiten einer Bank betrachten:

 Risikoloser Zinssatz   ($\rightarrow$ marktgegeben)
 + Bearbeitungskosten   ($\rightarrow$ bankspezifisch)
 + Eigenkapitalkosten   ($\rightarrow$ aufgrund Basel II)
 + Risikokosten   ($\rightarrow$ abhängig vom Kreditnehmer)
 = Kreditzins

Der risikolose Zinssatz stellt die Basis für die Bepreisung eines Kredites dar, da er von einer Bank jederzeit am Kapitalmarkt erreicht werden kann, wobei die gleiche Laufzeit wie für den Kredit herangezogen wird. Solche risikolosen Kredite beinhalten keine Risikokosten. Somit ist für sie kein Eigenkapital vorzuhalten (weder nach Basel I noch nach Basel II) und Bearbeitungskosten fallen (beinahe) nicht an.

Dagegen fallen bei einem Kredit Bearbeitungskosten für die Kreditvergabe an (Kreditprüfung etc.). Zudem hat die Bank für den Kredit gemäß dem Risiko und den Eigenkapitalvorschriften Risiko- und Eigenkapitalkosten zu berechnen. Die Höhe der Risikokosten ist dabei unabhängig von den Regelungen von Basel I und Basel II. Sie ergibt sich aus der Ausfallwahrscheinlichkeit des Kredites.

Die Instrumente für die Bestimmung der Risikokosten liegen Banken bereits seit langer Zeit vor. Rechtlich kodifiziert wurde dies durch den § 18 KWG: „Ein Kreditinstitut darf einen Kredit von insgesamt mehr als 250.000 Euro nur gewähren, wenn es sich von dem Kreditnehmer die wirtschaftlichen Verhältnisse, insbesondere durch Vorlage der Jahresabschlüsse, offenlegen lässt" (§ 18 Satz 1 KWG). In einem Rundschreiben zu diesem Paragraphen verdeutlicht das Bundesaufsichtsamt für Finanzdienstleistungsaufsicht (BaFin) die mit dieser Vorschrift verbundenen Ziele: „Die Vorschrift des § 18 KWG ist Ausfluss des anerkannten bankkaufmännischen Grundsatzes, Kredite nur nach umfassender und sorgfältiger Bonitätsprüfung zu gewähren und bei bestehenden Kreditverhältnissen die Bonität des Kreditnehmers laufend zu überwachen" (Rundschreiben Nr 9/98).

Generell muss es Ziel eines Unternehmens sein, die mit dem Geschäft verbundenen Risikokosten bewusst zu steuern. Die Folgen von Risikokosten für die Kreditkosten sind schwerwiegend und können das Ergebnis eines Unternehmens stark belasten. In der Diskussion wird dabei allerdings ein deutlich größeres Problem häufig übergangen: Das Risiko ist für einen Eigenkapitalgeber noch deutlich größer als für einen Fremdkapitalgeber. Somit muss ein Eigenkapitalgeber eine deutlich höhere Eigenkapitalrentabilität fordern als ein Bankkredit kostet. Eine Steuerung der Risikokosten ist somit aus Unternehmens- und insbesondere Unternehmersicht nicht für die Bank notwendig, sondern insbesondere für die Eigenkapitalgeber selbst! Denn deren Risiko ist weitaus größer als das Risiko, das die Bank übernimmt.

Mit den Ansprüchen der Banken aus der Kreditkalkulation eng verbunden sind die Regelungen des KonTraG an das Risikomanagement. Danach müssen Unternehmen die mit ihrem Geschäft verbundenen existenzgefährdenden Risiken in einem Risikobericht als Teil des Jahresabschlusses darlegen. Diese Vorschrift gilt zwar nur für einen kleinen Teil der deutschen Unternehmen, allerdings sollte sie auch auf alle anderen abstrahlen, so dass sich auch diese intensiver mit ihren Risiken auseinandersetzen.[188]

Die Risikokosten eines Kredites werden über ein Rating abgebildet. Dieses stellt die Zusammenfassung der Unternehmensdaten in einer einzigen Kennzahl dar. Am bekanntesten sind hier die Ratings der Agenturen Standard & Poor's und Moody's, die aufgrund der Kosten allerdings nur für größere Unternehmen geeignet sind. Für das Gros des deutschen Mittelstandes werden die Bewertungen der Banken in Form eines internen Ratings entscheidend sein.[189]

Ein Rating ist naturgemäß nur so gut, wie die Daten, mit denen das Rating ermittelt wird. Nur wenn im Rating-Prozess die richtigen Unternehmensdaten eingesetzt werden, kann am Ende ein der tatsächlichen Unternehmenssituation entsprechendes Rating herauskommen und damit die tatsächliche Risikosituation abgebildet werden. Als wesentliche quantitative Kennzahlen, die bei einzelnen

---

[188] Vgl. Lachnit/Müller (2001), S. 363 – 394.
[189] Vgl. Müller/Brackschulze/Mayer-Fiedrich/Ordemann (2006).

Banken naturgemäß stark abweichen können, können folgende Kennzahlen angesehen werden:
- Eigenkapitalquote,
- Gesamtkapital-Rentabilität,
- Umsatz / Betriebsleistungsentwicklung,
- Cash Flow,
- Liquidität / Finanzstruktur,
- Entwicklung gegenüber dem Vorjahr / Zukunftsaussichten.

Mit diesen Kennzahlen soll die Schuldendienstfähigkeit eines Unternehmens abgeschätzt werden. Weitere Kennzahlen, die das Rating bestimmen sind:
- Qualität und Attraktivität des Produktangebots,
- Vertriebsstärke / Vertriebskanäle,
- Marktstellung / Wettbewerbsdifferenzierung,
- Abhängigkeiten (z. B. von Kunden, Lieferanten),
- Mittel- und langfristige Branchenaussichten,
- Spezielle Risiken (z. B. technologischer Wandel).

Damit soll u.a. die Entwicklung in der jeweiligen Branche, die Positionierung eines Kunden im Wettbewerb oder Abhängigkeiten von bestimmten Kunden und Lieferanten abgebildet werden. Neben diesen Faktoren spielen auch die Qualität des Managements oder die Unternehmensstrategie eine bedeutende Rolle bei der Rating-Einstufung. Kriterien, die hier berücksichtigt werden, sind
- eine nachvollziehbare Strategie,
- Erfahrung, Führungsqualitäten,
- Nachfolgeregelung, Management,
- Abhängigkeit von einzelnen Mitarbeitern (Forschung),
- Qualität des Rechnungswesens und Controllings,
- Beziehung zur Bank (z.B. Zahlungsverhalten).

Als Informationsinstrumente für das Rating werden Bilanzen, Quartalsberichte, BWAs, der Auftragsbestand, Investitionspläne, eine gesonderte Darstellung der Geschäftsbereiche, Umsatz- und Ertragsprognosen oder auch Planzahlen herangezogen. Diese Instrumente sollten für jedes Unternehmen zum Standard werden, um gezielte Steuerungsmaßnahmen auch ohne vorhandenes Controlling durchführen zu können.

Die Kennzahlen des Rating-Prozesses haben sich aus Erfahrungswerten der Banken hinsichtlich der Kreditwürdigkeitsprüfung ergeben und werden durch verschiedene Analyseinstrumente wie neuronale Netze, Diskriminanzanalysen usw. in Ratings überführt. Unternehmen können somit versuchen, diese im Rating-Prozess verwendeten Kennzahlen direkt so zu steuern, dass sie im Rating der Banken eine Verbesserung erreichen.

Gerade die Eigenkapitalquote ist die zentrale Kennzahl zur Ermittlung des Ratings. Creditreform weist darauf hin, dass aktuell knapp 33 Prozent der mittelständischen Unternehmen bedrohlich unterkapitalisiert sind, mit einer Eigenkapitalquote von unter zehn Prozent.[190]

3.6 Einzelwertberichtigungen

Auch aus den Bilanzdaten lassen sich Risikowerte ablesen. Bei Adidas beträgt der Anteil der wertberichtigten Forderungen an den Gesamtforderungen (brutto) beispielsweise $\frac{112}{1.527}$ = 7,33 %.. Da Forderungen aus Lieferungen und Leistungen als kurzfristige Vermögenswerte eine Fälligkeit bis ein Jahr haben, ist der Risikozuschlag bei Adidas mit 7,33 % zu kalkulieren.

Ein Indiz für das Ausfallrisiko der Großunternehmen ist das Rating der Agenturen Standard & Poor's und Moody's. Es zeigt die Ratings von diversen deutschen Großunternehmen verbunden mit deren Eigenkapitalquote und der Eigenkapitalquote nach Abzug des Geschäfts- oder Firmenwertes.

Unternehmen	Rating	EK-Quote	EK-Quote ohne Goodwill
BASF	Aa3	46 %	41 %
Dyckerhoff	Baa3	34 %	32 %
Südzucker	Baa2	47 %	32 %
Siemens	A1	34 %	28 %
E.On	Aa3	33 %	23 %
Bayer	A3	33 %	20 %
Deutsche Lufthansa	Baa3	22 %	19 %
Linde	Baa1	35 %	15 %
ThyssenKrupp	Baa2	26 %	14 %
Fresenius Medical Care	Ba2	46 %	4 %
Metro	Baa2	18 %	4 %
Henkel	A2	35 %	1 %
Deutsche Telekom	A3	35 %	-8 %[191]
RWE	A1	12 %	-9 %
Tui	B1	24 %	-9 %

Tab. 3-2: Rating und Eigenkapitalquoten

Aus dem Rating lässt sich die Ausfallquote des Unternehmens ermitteln (vgl. Tabelle 3). Danach hat etwa Henkel ein Ausfallrisiko über zehn Jahre von 1,55 %.

---

190 O. V., „Für kleine Firmen ist Weg zum Kredit steinig", Handelsblatt vom 12.11.2007, S. C03.
191 Abzüglich der immateriellen Vermögensgegenstände inklusive etwa der UMTS-Lizenzen.

Dabei ist kein direkter Zusammenhang zwischen Rating und Eigenkapitalquote zu beobachten.

	1 J.	2 J.	3 J.	4 J.	5 J.	6. J.	7 J.	8 J.	9 J.	10 J.
Aaa	0,00	0,00	0,00	0,04	0,14	0,24	0,35	0,47	0,61	0,77
Aa	0,03	0,04	0,09	0,23	0,36	0,50	0,64	0,80	0,91	0,99
A	0,01	0,06	0,20	0,35	0,50	0,68	0,85	1,05	1,29	1,55
Baa	0,12	0,38	0,74	1,24	1,67	2,14	2,67	3,20	3,80	4,39
Ba	1,29	3,60	6,03	8,51	11,1	13,4	15,2	17,1	18,9	20,63
B oder schlechter	6,47	12,8	18,5	23,3	27,7	31,6	35,0	38,0	40,7	43,91

Tab. 3-3: Moody's Ratings 1970-1998 (in % in Abhängigkeit des Ratings und der Laufzeit)

Da IAS 39 keine Branchenspezifischen Unterschiede macht, gelten die Regelungen zur Einzelwertberichtigungen auch für alle Unternehmen. Allerdings wird unter dem Aspekt der Wesentlichkeit oftmals eine pragmatischere Herangehensweise in der Praxis gewählt, wie sie in Kapitel 4.3.2 dargestellt ist.

3.7 Pauschalwertberichtigungen

Pauschalwertberichtigungen stellen Wertberichtigungen für latente Risiken dar. Hierunter fallen solche Risiken, die bis zur Bilanzaufstellung nicht erkannt wurden, aber bereits vorhanden sind. Das Risiko besteht darin, dass „als nicht akut gefährdet angesehene Kredite oder Kreditteile zu einem nach dem Bilanzstichtag liegenden Zeitpunkt ganz oder teilweise ausfallen. Wegen der Unkenntnis über dieses Risiko sind Einzelwertberichtigungen hierfür nicht gebildet worden."[192] Dabei ist das Stichtagsprinzip maßgebend, d. h. die „Verhältnisse am Bilanzstichtag".[193]

Da latente Risiken keinen einzelnen Forderungen zuzurechnen sind, scheiden Einzelwertberichtigungen aus.

---

192 Vgl. IDW, St/BFA 1/1990, S. BFA 71.
193 Vgl. IDW, St/BFA 1/1990, S. BFA 71.

3.8 Wertberichtigung von Länderrisiken

Internationale Forderungen und Verbindlichkeiten haben in den Bankbilanzen und bei exportorientierten Unternehmen anderer Branchen einen bedeutenden Stellenwert erreicht. Sie unterliegen aber nicht nur den spezifischen Ausfall- bzw. Marktrisiken, sondern zusätzlich noch dem so genannten Länderrisiko. Unter dem Länderrisiko ist die Gefahr zu verstehen, dass ein Schuldner seinen Verpflichtungen aus politischen Gründen nicht nachkommen will oder aus wirtschaftlichen Gründen nicht nachkommen kann.[194] Somit gehört das Länderrisiko zu den Ausfallrisiken. Dies ergibt sich aus der Tatsache, dass nicht nur die Zins- und Tilgungszahlungen der einzelnen Staaten, sondern auch diejenigen der dort ansässigen Unternehmen in hohem Maße von der wirtschaftlichen und politischen Lage im Land selbst abhängen. Beispielsweise können Devisenbeschränkungen der jeweiligen Regierung dazu führen, dass Unternehmen versprochene Zahlungen in Fremdwährungen nicht erfüllen können. Wegen dieser Abhängigkeit der Unternehmen von ihren Heimatländern bewerten Rating-Agenturen Unternehmen eines Landes gemeinhin nie besser als den zugehörigen Staat (so genanntes sovereign ceiling).

Ein Investor unterliegt
– nur dem Länderrisiko, wenn er mit einem ausländischen Staat oder einer ausländischen öffentlichen Körperschaft ein Geschäft abschließt;
– dem Länderrisiko und dem einzelwirtschaftlichen Ausfallrisiko, wenn er ein Geschäft mit einem Partner aus dem auswärtigen privaten Sektor tätigt.[195]

Das Länderrisiko setzt sich aus zwei Komponenten,
– dem politischen Risiko sowie
– dem wirtschaftlichen Risiko

zusammen. Unter das politische Risiko fallen all diejenigen Gefahren, die mit der politischen Lage des Landes zusammenhängen, und zwar sowohl innenpolitische als auch außenpolitische. Demgegenüber handelt es sich beim wirtschaftlichen Risiko um die Gefahr, dass den Zins- und Tilgungszahlungen aus wirtschaftlichen Gründen nicht mehr nachgekommen werden kann.

Beispiel für eine Länderrisikoeinstufung zeigen etwa die Commerzbank:

> Im Rahmen der Länderrisikoermittlung der Bank werden sowohl die Transferrisiken als auch die regionalspezifischen von Politik und Konjunktur bestimmten Eventrisiken erfasst, die auf die einzelnen Wirtschaftsobjekte des Landes wirken. Die Länderrisikosteuerung umfasst dabei alle Entscheidungen, Maßnahmen und Prozesse, die – auf Basis der durch die Risikoquantifizierung zur Verfügung gestellten Informationen – die Beeinflussung der Länderportfolio-

---
194 Vgl. Baxmann (1985), S. 42.
195 Vgl. Linss (1989), S. 352.

struktur zur Erreichung der Managementziele bezwecken. Als zentrales Gremium wurde dem neugeschaffenen-Kreditkomitee die Aufgabe übertragen, konzernstrategische Entscheidungen im Zusammenhang mit der konzernweiten Planung, Steuerung und den Controlling von Länderrisiken zu erörtern und segmentspezifische Länderlimite festzulegen. Im Zuge der Globalisierung bieten sich für alle Geschäftsfelder zunehmend Chancen in Emerging Markets, weshalb wir die Länderrisikosteuerung einer grundlegenden Überarbeitung unterzogen haben. Die Risikomessung/-limitierung und Kompetenzregelung wurde auf die Basel II-Parameter EL und EaD sowie den ökonomischen Kapitalverbrauch umgestellt. Mit diesem Maßnahmenpaket haben wir die Voraussetzung geschaffen, um durch gezielte risk/return-orientierte Geschäftsausweitung in den Emerging Markets stärker als bisher an den Chancen der Globalisierung partizipieren zu können. (Geschäftsbericht 2006. S. 85 f.)

und die HypoVereinsbank:

Die Steuerung der Länderrisiken erfolgt auf Basis der aufgezeigten Messmethoden mit Hilfe von Value-at-Risk-Limiten nach Regionen. Geschäfte mit einem hohen Länderrisiko werden stärker auf das Regionen Risikolimit angerechnet als länderrisikoarme Transaktionen. Hiermit wird eine Begrenzung der Länderrisiken, eine risikoorientierte Portfoliosteuerung und ein flexibles, an den Geschäftspotenzialen ausgerichtetes Exposure Management angestrebt. Zusätzlich gibt es für das Länderrisikomanagement Volumenslimite pro Land (unterteilt nach Produktionsrisikogruppen).
Alle Adressrisiken werden zudem auf Portfolioebene überwacht. Das Augenmerk liegt dabei auf Länder-, Branchen- oder Regionenkonzentrationen und ihren Auswirkungen auf die Risikosituation der Bank. (Geschäftsbericht 2006, S. 80)

3.8.1 *Politische Risiken*

3.8.1.1 *Innenpolitisches Risiko*

Das innenpolitische Risiko umfasst diejenigen Risiken, die sich im Land selbst ergeben. Komponenten dieses Risikos sind u. a.:
- Soziale Verhältnisse;
- Innere Unruhen: ethnische, religiöse, rassistische sowie ideologische Konfliktpotentiale;
- Bürokratismus und Funktionsfähigkeit der öffentlichen Verwaltung;
- Politische Führung;
- Ausländermentalität.[196]

---

[196] Vgl. Berger (1982), S. 99; Dichtl / Beeskow / Köglmayr (1984), S. 211.

Diese Faktoren haben allesamt einen großen Einfluss auf die Stabilität eines Landes. Eine Veränderung eines einzigen Faktors kann die Stabilität verschlechtern oder gar ruinieren und dazu führen, dass die Zins- und Tilgungszahlungen eingestellt werden. Beispielsweise würde ein Staat, in dem ein Bürgerkrieg herrscht, seine militärische Rüstung um jeden Preis verstärken wollen, während Zins- und Tilgungszahlungen nur nachrangig behandelt würden. Die Aufgabe eines Risikomanagements muss es deshalb sein, diese Faktoren dauernd zu überprüfen und auf Veränderungen zu reagieren.

Die innenpolitische Stabilität eines Landes ist nur bedingt durch quantitative Kennziffern zu bestimmen. Vielmehr müssen Einschätzungen über qualitative Größen gemacht werden, die naturgemäß mit großen Unsicherheiten behaftet sind.

Zur Bestimmung der sozialen Verhältnisse in einem Land können Indikatoren wie Einkommens- und Vermögensstrukturen, aber auch die Analphabetenquote herangezogen werden.

Ein aktuelles Beispiel für ein insbesondere hohes innenpolitisches Risiko war in den vergangenen Jahren Argentinien, wo aufgrund interner Probleme die Zahlungen an die Gläubiger weitestgehend eingestellt wurden.

3.8.1.2 Außenpolitisches Risiko

Unter das außenpolitische Risiko fallen all die Faktoren, die das Land von außen bedrohen. Das ist zum einen die Gefahr militärischer Konflikte, zum anderen aber auch die Realisierbarkeit außenpolitischer Ziele.

Die Realisierbarkeit außenpolitischer Ziele ist stark daran geknüpft, in welcher Weise ein Land in internationale Organisationen und Abkommen eingebunden ist. Durch die Zusammenarbeit in der EU gelingt es beispielsweise deren Mitgliedstaaten, gemeinsam außenpolitisch ein größeres Gewicht zu erringen.

3.8.2 Wirtschaftliche Risiken

Das wirtschaftliche Risiko eines Landes setzt sich analog zum politischen aus einem binnen- und einem außenwirtschaftlichen Risiko zusammen. Dabei gehen in den binnenwirtschaftlichen Faktor all diejenigen Elemente ein, die die wirtschaftliche Situation im Land beschreiben. Hier wird beispielsweise geprüft,
- wie weit die Wirtschaft entwickelt ist,
- wie sich die Wirtschaft in letzter Zeit entwickelt hat,
- wie die Wirtschaftsaussichten für die Zukunft sind,
- wie viele Arbeitslose das Land hat und
- welches Erwerbspotential im Land steckt.

Der Entwicklungsstand der Volkswirtschaft lässt sich etwa am Bruttosozialprodukt messen.

3.8.3 Erfassungsmodelle des Länderrisikos

In der Praxis bestehen eine Vielzahl von Verfahren, die versuchen, das Länderrisiko zu erfassen.[197] Im Allgemeinen handelt es sich dabei um so genannte Scoring-Modelle, die dadurch gekennzeichnet sind, dass die einzelnen Beurteilungskriterien durch Punktwerte zum Ausdruck gebracht werden, wodurch auch qualitative Kriterien in die Bewertung mit eingehen können.[198]

Da die einzelnen Verfahren unterschiedliche Kennziffern nutzen, kommen sie teilweise auch zu differierenden Ergebnissen. Um die Ergebnisse verwerten zu können, muss deshalb das jeweilige Konzept hinterfragt werden.

Bekannte Länderrisikobeurteilungen werden regelmäßig von den Zeitschriften Institutional Investor und Euromoney veröffentlicht.

In der amerikanischen Zeitschrift Institutional Investor werden seit 1979 meist 2mal jährlich Länderbeurteilungen publiziert. Zu diesem Zweck werden 75 bis 100 führende internationale Banken nach ihren Einschätzungen befragt, wobei die Skala von 0 bis 100 reicht. Die Gewichtung der einzelnen Einschätzungen wird vom Institutional Investor nicht bekannt gegeben, jedoch werden Banken mit weltweiten Interessen stärker berücksichtigt als die weniger involvierten Banken.[199]

Die aktuellen Beurteilungen von ausgewählten Ländern durch den Institutional Investor sind in der nachfolgenden Tabelle enthalten:

Rang Sept. 2005	Rang März 2006	Land	Bonitäts-index	Veränderung 6 Monate	Veränderung 1 Jahr
1	1	Schweiz	95,5	1,1	1,0
2	2	Norwegen	94,6	0,4	0,9
5	3	Finnland	94,2	1,4	1,5
4	4	Groß-britannien	94,1	1,0	1,4
6	5	Dänemark	94,0	1,3	1,9
3	6	Luxemburg	93,7	0,4	0,9
8	7	Schweden	93,6	1,1	2,0
9	8	USA	93,5	1,0	1,1
7	9	Niederlande	93,5	0,9	1,5
11	10	Kanada	93,2	1,4	2,3
10	11	Frankreich	93,1	1,0	0,9
12	12	Österreich	92,9	1,5	1,7

---

197 Vgl. Köglmayr / Müller (1987), S. 378 f.
198 Vgl. Dichtl / Beeskow / Köglmayr (1984), S. 211.
199 Vgl. Erb / Harvey / Viskanta (1995), S. 75.

13	13	Deutschland	92,8	1,4	1,0
14	14	Irland	91,5	0,7	1,5
15	15	Belgien	90,5	1,1	1,5
17	16	Spanien	89,4	0,9	1,8
16	17	Singapur	88,9	-0,1	-0,6
18	18	Australien	85,9	-1,3	-0,1
19	19	Japan	85,3	0,0	0,9
21	20	Italien	84,6	1,4	1,0
25	25	Hongkong	78,7	2,7	3,0
28	28	Südkorea	76,7	3,6	4,7
37	36	China	69,8	1,6	3,8
41	40	Polen	68,2	1,9	2,8
58	58	Indien	57,1	0,5	1,8
66	64	Brasilien	52,1	3,9	5,4
74	72	Türkei	48,4	3,1	4,1
115	91	Argentinien	34,6	8,2	14,5

Tab. 3-4: Die Länderbonität für 2006 des Institutional Investor (Quelle: Handelsblatt vom 21.04.2006, S. 28)

Neben den genannten Zeitschriften spielen auch die Einstufungen der Rating-Agenturen Moody's und Standard & Poor's sowie Fitch eine große Rolle. Die Unterschiede in der Bewertung der Rating-Agenturen sind, soweit vorhanden, in aller Regel minimal. Die Agenturen scheinen somit fast die gleichen Kriterien und die gleichen Gewichtungen derselben zu benutzen, so dass in diesem Zusammenhang auf die Aussage der beiden größten Agenturen zurückgegriffen werden kann. Die genaue Vorgehensweise wird dabei nicht veröffentlicht.

3.9 Unterschiede zum HGB

3.9.1 Aktueller Stand

Bei Forderungen ist der Unterschied zwischen HGB und IFRS eigentlich marginal. Während die Erstbewertung im Wesentlichen identisch ist (nur in geringem Umfang können Unterschiede entstehen), ist bei der Folgebewertung nach IFRS die Effektivzinsmethode anzuwenden, die zu marginalen Unterschieden zur Folgebewertung nach HGB führen kann. Dies ist dann der Fall, wenn ein Agio bzw. Disagio besteht und dieses über die Laufzeit linear aufgelöst wird. Lineare Auflösung und Effektivzinsmethode unterscheiden sich im Volumen, allerdings nur marginal. Allerdings besteht nach IFRS die Fair-Value-Option, die einen Ausweis der Forderungen zum Marktwert ermöglicht. Hierdurch können bedeutende Unterschiede zwischen HGB und IFRS entstehen.

Ein größerer Unterschied besteht in dem Aktivierungswahlrecht eines Disagios. Da das HGB hier nur ein Wahlrecht kennt, ist ein größerer Unterschied zu den IFRS möglich.

3.9.2 Reform des HGB

An der Bilanzierung von Forderungen ändert sich durch die HGB-Reform nichts, da bereits bislang die Unterschiede nicht groß waren. Auch das Wahlrecht zur Aktivierung des Disagios als ein Hauptunterschied zwischen IFRS und HGB bleibt erhalten. Mit dem Entwurf zum BilMoG sind auch Fremdwährungsforderungen, wie nach IFRS vorgeschrieben und nach den Grundsätzen ordnungsmäßiger Bilanzierung bereits seit einigen Jahren in Deutschland gängige Praxis, im HGB mit der Stichtagskursbewertung ohne Beachtung des Niederswerttests zu bilanzieren.

4 Empirische Analyse

In die empirische Analyse werden insgesamt 122 Unternehmen, darunter 23 aus dem DAX, 49 aus dem MDAX und 50 aus dem SDAX. Die Unternehmen sind alle im Prime Standard gelistet. Zusammengefasst bilden Prime Standard und General Standard den CDAX®. Dieser umfasst segmentübergreifend alle deutschen Unternehmen des Prime Standard und General Standard sowohl aus den klassischen als auch den Technologiebranchen. Nachfolgende Grafik veranschaulicht die Segmentierung der börsennotierten Unternehmen:

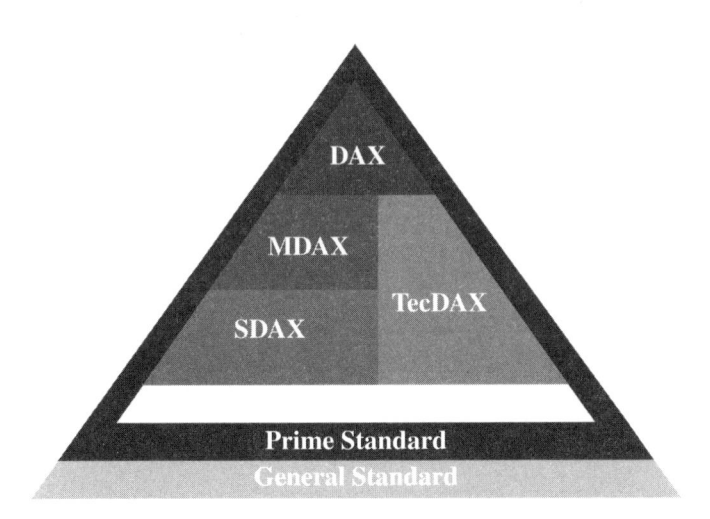

Abb. 4-1: Segmentierung der börsennotierten Unternehmen
Quelle: Deutsche Börse

Um die Auswertung übersichtlich zu gestalten, werden fünf Branchencluster gebildet:
- „Verarbeitende Industrie",
- „Dienstleistung",
- „Finanzen",
- „Konsum & Gesundheit",
- „Handel".

Die Aufteilung der verschiedenen Branchen in diese Cluster verdeutlicht nachfolgende Tabelle:

4 Empirische Analyse

Prime Sector	Cluster	DAX	MDAX	SDAX	Anzahl der Unternehmen	Relativer Anteil
Automobile	ATL	6	2	5	13	10,66 %
Transport & Logistics						
Basic Resouces	BCU	1	5	4	10	8,20 %
Construction						
Utilities						
Chemicals	CPH	4	8	4	16	13,11 %
Pharma & Healthcare						
Financial Services	FBI	6	11	15	32	26,23 %
Banks						
Insurance						
Industrial	IND	2	13	13	28	22,95 %
Media	MTST	1	2	3	6	4,92 %
Technology						
Software						
Telecommunication						
Retail	RCF	3	8	6	17	13,93 %
Consumer						
Food & Beverages						
		23	49	50	122	100,00 %

Tab. 4-1: Aufteilung der Branchen in Cluster

Die untersuchten Unternehmen und deren Zuordnung zu den Clustern ist in Tab. 4-2 dargestellt.

Air Berlin PLC	ATL	IKB Dt. Industriebank AG	FBI
BMW AG	ATL	Indus Holding AG	FBI
Continental AG	ATL	interhyp AG	FBI
Deutsche Lufthansa AG	ATL	IVG Immobilien AG	FBI
Deutsche Post AG	ATL	MLP AG	FBI
ElringKlinger AG	ATL	MPC AG	FBI
Fraport AG	ATL	Münchener Rück AG	FBI
Grammer AG	ATL	PATRIZIA Immobilien AG	FBI
Leoni AG	ATL	TAG AG	FBI
Sixt AG St	ATL	Vivacon AG	FBI

Thiel Logistik AG	ATL	Balda AG	IND
Tui AG	ATL	BayWa AG	IND
Volkswagen AG	ATL	Demag Cranes AG	IND
Bauer AG	BCU	Deutz AG	IND
Bilfinger Berger AG	BCU	Dürr AG	IND
C.A.T. Oil AG	BCU	EADS	IND
Dyckerhoff AG	BCU	elexis AG	IND
Heidelberger Druckmaschinen AG	BCU	GEA Group AG	IND
Hochtief AG	BCU	GfK AG	IND
MVV Energie AG	BCU	Gildemeister AG	IND
Norddeutsche Affinerie AG	BCU	HeidelbergCement AG	IND
RWE AG	BCU	IWKA AG	IND
Salzgitter AG	BCU	Jungheinrich AG	IND
Altana AG	CPH	Klöckner & Co AG	IND
BASF AG	CPH	Koenig & Bauer AG	IND
Bayer AG	CPH	Krones AG	IND
Curanum AG	CPH	KWS Saat AG	IND
Fuchs Petrolub AG	CPH	MAN AG	IND
H&R WASAG AG	CPH	Medion AG	IND
K+S AG	CPH	MTU Aero Engines Holding AG	IND
Lanxess AG	CPH	Pfleiderer AG	IND
Linde AG	CPH	Rational AG	IND
Merck KGaA	CPH	Rheinmetall AG	IND
Rhön-Klinikum AG	CPH	techem AG	IND
Schwarz Pharma AG	CPH	Thielert AG	IND
SGL Carbon AG	CPH	ThyssenKrupp AG	IND
STADA Arzneimittel AG	CPH	Vossloh AG	IND
Symrise AG	CPH	Wincor Nixdorf AG	IND
Wacker Chemie AG	CPH	CTS Eventim AG	MTST
Aareal Bank AG	FBI	D+S europe AG	MTST
Allianz SE	FBI	Deutsche Telekom AG	MTST
AMB Generali Holding AG	FBI	EM.TV AG	MTST
ARQUES Industries AG	FBI	Premiere AG	MTST
AWD Holding AG	FBI	ProSiebenSat.1 Media AG	MTST
cash.life AG	FBI	adidas AG	RCF
Colonia Real Estate AG	FBI	Beiersdorf AG	RCF
comdirect bank AG	FBI	Celesio AG	RCF
Commerzbank AG	FBI	CeWe Color Holding AG	RCF
DAB bank AG	FBI	Douglas Holding AG	RCF
DEPFA Bank PLC	FBI	Escada AG	RCF
Deutsche Beteiligungs AG	FBI	Fielmann AG	RCF

Deutsche Börse AG	FBI	Gerry Weber International AG	RCF
Deutsche EuroShop AG	FBI	Henkel KGaA	RCF
Deutsche Postbank AG	FBI	Hugo Boss AG	RCF
Deutsche Wohnen AG	FBI	Karstadt Quelle AG	RCF
DIC Asset AG	FBI	Loewe AG	RCF
GAGFAH S.A.	FBI	Metro AG	RCF
GrenkeLeasing AG	FBI	Praktiker Bau- und Heimwerkmärkte AG	RCF
Hannover Rückversicherung AG	FBI	Puma AG	RCF
HCI Capital AG	FBI	Südzucker AG	RCF
Hypo Real Estate Holding AG	FBI	Takkt AG	RCF

Tab. 4-2: Untersuchte Unternehmen mit Cluster-Zuordnung

4.1 Vorräte

4.1.1 Allgemeine Aussagen

Vorräte werden von insgesamt 102 der 122 untersuchten Unternehmen ausgewiesen. Im (ungewichteten) Durchschnitt macht diese Position 14,9 % der Bilanzsumme aus.

Die Unternehmen ohne Angabe von Vorräten kommen sämtlich aus dem Cluster FBI, d. h. es handelt sich um Banken, Versicherungen, Finanzdienstleister oder Immobiliengesellschaften. Auch solche Unternehmen haben zwar Vorräte – zu denken ist etwa an Goldreserven der Banken – allerdings sind diese im Verhältnis zur Bilanzsumme so gering, dass eine eigene Angabe entfällt.

Da alle anderen Unternehmen Angaben zu den Vorräten machen, kann eine genauere Unterteilung an dieser Stelle entfallen.

Den Anteil der Vorräte an der Bilanzsumme getrennt nach den Clustern zeigt nachfolgende Tabelle:

ATL	7,8 %
BCU	14,0 %
CPH	13,1 %
FBI	15,7 %
IND	17,9 %
MTST	2,5 %
RCF	21,2 %

Tab. 4-3: Anteile der Vorräte an der Bilanzsumme nach Clustern

Den höchsten Anteil haben die Vorräte damit im Bereich Retail, Consumer und Food & Beverages. Bei Warenhausunternehmen wie Praktiker, Douglas oder Hugo Boss ist der Anteil geschäftsspezifisch natürlich sehr hoch (jeweils rund ein Drittel).

Dagegen haben naturgemäß Medienunternehmen oder Telekommunikationsbetreiber wie die Deutsche Telekom oder Premiere naturgemäß nur sehr geringe Anteile, was sich im Durchschnitt mit 2,5 % zeigt.

2.2 Vorräte
Die Vorräte setzen sich wie folgt zusammen:

(in Tsd. EUR)	31.12.2006	31.12.2005
Receiver	77.509	31.461
Sonstige Vorräte	2.510	2.227
Summe	80.019	33.688

Die Receiver sind zum Verkauf an Händler, Geschäftskunden und Abonnenten vorgesehen. Der Anstieg der Receiver resultierte insbesondere aus dem Erwerb von Interaktiv-Receivern.
Die sonstigen Vorräte umfassen im Wesentlichen Sachprämien, Aufwendungen für Prämien aufgrund der erfolgreichen Vermittlung eines Neuabonnenten werden bei Vertragsabschluss im Aufwand erfasst.
Der Buchwert der zum Nettoveräußerungswert angesetzten Vorräte beträgt 23.547 Tsd. EUR (2005: 12.250 Tsd EUR) im Geschäftsjahr wurden Wertminderungen in Höhe von 6.353 Tsd EUR (2005: 8.276 Tsd EUR) als Aufwand erfasst. (Premiere, Geschäftsbericht 2006, S. 88)

Der relativ hohe Anteil der Finanzunternehmen von 15,7 % ergibt sich durch die hier einbezogenen Immobiliengesellschaften und Beteiligungsunternehmen. So erreichen Patrizia Immobilien und TAG Anteile von 60 % bzw. 50 %, was durch einen hohen Anteil von Immobilien im Vorratsvermögen zu erklären ist. Ebenso sind bei den Beteiligungsgesellschaften Arques und Indus die Anteile mit 17 % für Finanzunternehmen relativ hoch, was sich aber dadurch erklären lässt, dass es sich quasi um Industrieunternehmen handelt.

4.4 VORRÄTE
Die Vorräte setzen sich wie folgt zusammen:

	2006 TEUR	2005 TEUR
Zum Verkauf bestimmte Immobilien	228.403	184.374
Anzahlungen	0	5.142
	228.403	189.516

Unter den Vorräten werden die Vermögenswerte ausgewiesen, die zum Verkauf im normalen Geschäftsgang gehalten werden.

4 Empirische Analyse

> Im Geschäftsjahr wurden Vorräte im Wert von T€ 162.557 veräußert.
> Die Konzernplanung sieht vor, dass von dem im Bestand zum 31. Dezember 2006 befindlichen Vorräten in 2007 Vorräte in einer Größenordnung von T€ 75.000 veräußert werden
> Es waren im Geschäftsjahr – wie bereits im Vorjahr – keine Wertberichtigungen auf Vorräte vorzunehmen.
> Die Immobilien des Vorratsbestandes sind in Höhe von T€ 125.466 (Vj. T€ 149.200) mit Grundschulden belastet, die der Besicherung von Verbindlichkeiten gegenüber Kreditinstituten dienen. Des Weiteren sind zukünftige Erlöse aus dem Verkauf von Immobilien an finanzierende Banken abgetreten, ebenfalls zur Sicherung von Bankdarlehen T€ 79.574 (Vj. T€ 93.200). (Patrizia Immobilien, Geschäftsbericht 2006, S. 82)

Die Verteilung der Anteile an den Bilanzsummen stellt sich wie folgt dar:

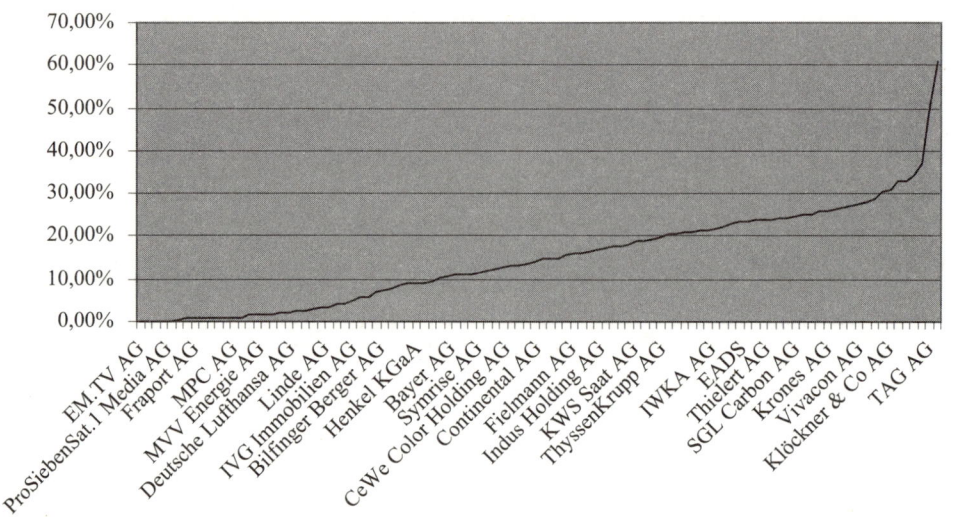

Abb. 4-2: Anteil der Vorräte an der Bilanzsumme mit Nennung ausgewählter Unternehmen

	Anteil der Vorräte an der Bilanzsumme		Anteil der Vorräte an der Bilanzsumme
adidas AG	19,2 %	Indus Holding AG	17,6 %
Air Berlin PLC	0,8 %	IVG Immobilien AG	5,7 %
Altana AG	3,1 %	IWKA AG	21,6 %
ARQUES Industries AG	17,1 %	Jungheinrich AG	11,3 %
AWD Holding AG	0,2 %	K+S AG	13,1 %
Balda AG	9,3 %	Karstadt Quelle AG	16,0 %

BASF AG	14,7 %	Klöckner & Co AG	33,0 %
Bauer AG	24,2 %	Koenig & Bauer AG	27,1 %
Bayer AG	11,0 %	Krones AG	26,3 %
BayWa AG	29,0 %	KWS Saat AG	18,9 %
Beiersdorf AG	15,7 %	Lanxess AG	24,9 %
Bilfinger Berger AG	7,7 %	Leoni AG	24,1 %
BMW AG	8,6 %	Linde AG	3,5 %
C.A.T. Oil AG	12,8 %	Loewe AG	27,5 %
Celesio AG	20,8 %	MAN AG	19,9 %
CeWe Color Holding AG	13,2 %	Medion AG	23,5 %
Colonia Real Estate AG	1,9 %	Merck KGaA	15,0 %
Continental AG	14,7 %	Metro AG	20,7 %
CTS Eventim AG	6,9 %	MPC AG	0,9 %
Curanum AG	0,5 %	MTU Aero Engines Holding AG	17,0 %
D+S europe AG	0,8 %	MVV Energie AG	1,6 %
Demag Cranes AG	22,4 %	Norddeutsche Affinerie AG	37,2 %
Deutsche Lufthansa AG	2,3 %	PATRIZIA Immobilien AG	60,8 %
Deutsche Post AG	0,1 %	Pfleiderer AG	11,4 %
Deutsche Telekom AG	0,9 %	Praktiker Bau- und Heimwerkmärkte AG	33,1 %
Deutsche Wohnen AG	4,1 %	Premiere AG	5,9 %
Deutz AG	21,5 %	ProSiebenSat.1 Media AG	0,2 %
Douglas Holding AG	34,3 %	Puma AG	21,2 %
Dürr AG	4,9 %	Rational AG	10,2 %
Dyckerhoff AG	4,0 %	Rheinmetall AG	18,3 %
EADS	23,4 %	Rhön-Klinikum AG	2,0 %
elexis AG	16,4 %	RWE AG	2,4 %
ElringKlinger AG	18,9 %	Salzgitter AG	23,7 %
EM.TV AG	0,0 %	Schwarz Pharma AG	9,0 %
Escada AG	23,9 %	SGL Carbon AG	25,1 %
Fielmann AG	16,1 %	Sixt AG St	1,8 %
Fraport AG	0,8 %	STADA Arzneimittel AG	13,8 %
Fuchs Petrolub AG	22,9 %	Südzucker AG	25,2 %
GAGFAH S.A.	1,5 %	Symrise AG	11,9 %

GEA Group AG	10,7 %	TAG AG	49,6 %
Gerry Weber International AG	21,8 %	Takkt AG	11,3 %
GfK AG	0,1 %	techem AG	3,0 %
Gildemeister AG	30,7 %	Thiel Logistik AG	1,5 %
Grammer AG	17,8 %	Thielert AG	24,0 %
H&R WASAG AG	25,9 %	ThyssenKrupp AG	20,7 %
HCI Capital AG	0,9 %	Tui AG	1,0 %
HeidelbergCement AG	7,3 %	Vivacon AG	27,9 %
Heidelberger Druckmaschinen AG	25,8 %	Volkswagen AG	9,1 %
Henkel KGaA	9,2 %	Vossloh AG	13,5 %
Hochtief AG	0,9 %	Wacker Chemie AG	12,5 %
Hugo Boss AG	30,4 %	Wincor Nixdorf AG	26,9 %

Tab. 4-4: Anteil der Vorräte an der Bilanzsumme

4.1.2 Unterteilung der Vorräte

Viele Anhangangaben sind nach IFRS branchen- und sogar unternehmensspezifisch zu sehen. Deshalb wird im nächsten Schritt untersucht, welche Unterteilungen die Unternehmen im Bereich der Vorräte machen. Tab. 4-5 zeigt die Anzahl der Unternehmen nach Unterangaben zu den Vorräten.

Angabe	Anzahl Unternehmen
Erzeugnisse und Handelswaren	3
fertige Erzeugnisse/Leistungen	9
Waren	16
fertige Erzeugnisse/Leistungen und Waren	52
unfertige Erzeugnisse/Leistungen	58
unfertige und fertige Erzeugnisse/Leistungen	7
unfertige und fertige Erzeugnisse/Leistungen und Waren	7
unterwegs befindliche Ware	1
Rohstoffe und unfertige Erzeugnisse	1
Rohstoffe	1
Hilfs- und Betriebsstoffe	1
Roh-, Hilfs- und Betriebsstoffe	78
geleistete Anzahlungen	46

erhaltene Anzahlungen	3
nicht abgerechnete Leistungen	1
künftige Forderungen aus Fertigungsaufträgen	1
zum Verkauf bestimmte Grundstücke/Gebäude	6
Ersatzteile/Ersatzteile Flugzeuge	4
Receiver	1
Anlagen für Dritte im Bau	2
unfertige Erschließungsmaßnahmen	1
zum verkauf stehende Fahrzeuge der Miet- und Leasingflotte	1
Sonstiges	9
Summe Vorräte	122

Tab. 4-5: Unterteilung der Vorräte im Anhang

Die meisten Angaben werden zu Roh-, Hilfs- und Betriebsstoffen gemacht. 78 von 122 Unternehmen, dies sind 64 %, machen diese Angabe im Abschluss. Weitere Unternehmen unterteilen die Roh-, Hilfs- und Betriebsstoffe noch weiter im Anhang, so dass diese Unternehmen in dieser Zahl noch gar nicht enthalten sind.

Weitere häufige Angaben betreffen unfertige Erzeugnisse (48 %), fertige Erzeugnisse (43 %) und geleistete Anzahlungen (38 %). Auch diese Angaben werden teilweise noch weiter untergliedert.

Viele weitere Angaben sind rein unternehmensspezifisch, so Receiver (Premiere) oder Ersatzteile (CAT.Oil, Vivacon, Deutsche Post, Jungheinrich).

(17) Vorräte in Tausend €	31.12.2006	31.12.2005
Roh-, Hilfs- und Betriebsstoffe	47.198	40.959
Unfertige Erzeugnisse und Leistungen	17.720	13.703
Fertige Erzeugnisse	68.325	40.405
Waren	37.287	38.982
Ersatzteile	29.615	22.670
Geleistete Anzahlungen	3.532	3.860
	203.677	160.579

Vom Gesamtbetrag der Vorräte sind T€ 23.269 (Vorjahr: T€ 26.304) zum Nettoveräußerungswert angesetzt. (Jungheinrich, Geschäftsbericht 2006, S. 73)

4 Empirische Analyse

Im Durchschnitt machen die Unternehmen drei Unterangaben zu den Vorräten. Dabei reichen die Angaben von keiner Unterangabe bis zu sechs Unterangaben (ThyssenKrupp, Rheinmetall und Jungheinrich).

> (10) Vorräte
>
> | Mio. EUR | 31.12.2005 | 31.12.2006 |
> |---|---|---|
> | Roh-, Hilfs- und Betriebsstoffe | 196 | 210 |
> | Unfertige Erzeugnisse und Leistungen | 222 | 297 |
> | Fertige Erzeugnisse | 71 | 72 |
> | Waren | 44 | 43 |
> | Geleistete Anzahlungen | 105 | 59638681 |
> | ./. Erhaltene Anzahlungen | -32 | -54 |
> | | 606 | 627 |
>
> Der Buchwert der zum niedrigeren Nettoveräußerungswert angesetzten Vorräte beträgt 44 MioEUR (Vorjahr: 39 MioEUR). Im Berichtsjahr wurden Wertberichtigungen von 5 MioEUR vorgenommen (Vorjahr: 8 MioEUR). Wertaufholungen auf in Vorjahren abgeschriebene Vorratsbestände aufgrund gestiegener Nettoveräußerungspreise betragen unverändert 0 MioEUR. Vorratsbestände dienen wie im Vorjahr nicht der Besicherung von Verbindlichkeiten. (Rheinmetall, Geschäftsbericht 2006, S. 75)

Der Zusammenhang zwischen Anteil an der Bilanzsumme und der Anzahl an Unterangaben ist nur sehr schwach ausgeprägt. Der Korrelationskoeffizient beträgt gerade einmal 0,15, d. h. es geben nicht zwangsläufig die Unternehmen genauere Unterangaben an, die viele Vorräte relativ zur Bilanzsumme haben.

4.1.3 Angaben zur Bewertung der Vorräte

Zur Bewertung müssen die Unternehmen unterschiedliche Angaben zu machen. Zunächst ist die Bewertungsmethode bei Verbrauchsfolgeverfahren zu nennen. 79 Unternehmen machen hierzu Angaben. 64 verwenden dabei die Durchschnittskostenmethode, sieben FiFo und neun Unternehmen geben nur an, Durchschnittskosten- oder FiFo-Methode zu verwenden. Ein Unternehmen, die Dürr AG, gibt an, beide Verfahren zu verwenden, so dass sich eine Differenz zwischen der Summe der Einzelwerte und der Gesamtangabe ergibt (80 zu 79 Unternehmen).

> Die Roh-, Hilfs- und Betriebsstoffe wurden in Höhe von 34.361 Tsd. € (2005: 30.884 Tsd. €) zu den durchschnittlichen Anschaffungs- oder Herstellungskosten und in Höhe von 4.952 Tsd. € (2005: 7.776 Tsd. €) nach der FIFO-Methode („first in, first out") bewertet. Der Saldo aus Zuführungen und Auflösungen der Wertberichtigungen in Höhe von 235 Tsd. € (2005: 2.619 Tsd. €) wurde ertragswirksam erfasst. (Dürr, Geschäftsbericht 2006, S. 90)

Für Einzelhändler ist die retrograde Methode zur Vorratsbewertung einsetzbar. Diese setzen Praktiker, Douglas, Celesio und Arcandor ein.

> Aufgrund der Bewertung der Vorräte nach der im Handel gängigen retrograden Methode ist eine Angabe des Buchwertes der Vorräte, die zum Nettoveräußerungswert angesetzt werden, nicht möglich. (Arcandor, Geschäftsbericht 2006, S. 117)

Letztlich verwendet KWS Saat branchentypische Wertetafeln zur Bewertung biologischer Vermögenswerte.

> Die Vorräte werden zu Anschaffungs- oder Herstellungskosten angesetzt, wobei qualitäts- und mengenbedingten Verwertungsbeeinträchtigungen Rechnung getragen wird. In die Herstellungskosten werden gemäß IAS 2 neben direkt zurechenbaren Kosten auch Fertigungs- und Materialgemeinkosten einschließlich Abschreibungen einbezogen. Die biologischen Vermögenswerte werden gemäß IAS 41 mit den erwarteten Verkaufserlösen, vermindert um bis zum Veräußerungszeitpunkt noch anfallende Aufwendungen, bewertet. Basis des angewandten Bewertungsverfahrens sind brancheneinheitliche Wertetafeln. (KWS Saat, Geschäftsbericht 2006, S. 55)

Wertminderungen auf den niedrigeren Nettoveräußerungswert abzüglich erwarteten Vertriebskosten weisen 34 Unternehmen aus (vgl. Tab. 4-6).

	Betrag in Mio. €	Anteil der Vorräte, die zum Nettoveräußerungswert bewertet wurden, an den gesamten Vorräten
IWKA AG	231	100,00 %
Escada AG	49	48,04 %
Dyckerhoff AG	53	42,40 %
Koenig & Bauer AG	121	32,01 %
Premiere AG	24	30,00 %
Hugo Boss AG	79	27,24 %
Deutsche Telekom AG	280	24,80 %
Puma AG	89	24,45 %
Merck KGaA	275	22,58 %
Gildemeister AG	66	22,53 %
MAN AG	682	22,49 %
Lanxess AG	197	18,82 %
Wacker Chemie AG	75	18,38 %
Klöckner & Co AG	154	18,31 %

Volkswagen AG	1932	15,50 %
Deutz AG	38	15,20 %
Beiersdorf AG	82	14,96 %
Bayer AG	910	14,79 %
Bauer AG	23	14,74 %
Wincor Nixdorf AG	44	14,06 %
Salzgitter AG	194	11,74 %
Jungheinrich AG	23	11,27 %
Linde AG	111	11,20 %
IVG Immobilien AG	28	11,16 %
Vossloh AG	18	11,11 %
K+S AG	37	10,00 %
TAG AG	28	8,14 %
Rheinmetall AG	44	7,02 %
Heidelberger Druckmaschinen AG	53	6,27 %
BMW AG	316	4,65 %
Celesio AG	63	3,83 %
H&R WASAG AG	4	3,77 %
SGL Carbon AG	10	3,15 %
STADA Arzneimittel AG	8	2,70 %

Tab. 4-6: Unternehmen mit zum Nettoveräußerungswert bewerteten Vorräten

Der Gesamtbestand bilanzierter Vorräte in Höhe von 231,1 Mio. € (Vorjahr: 278,0 Mio. €) ist zu seinem Nettoveräußerungswert bilanziert. Die Wertminderung, bezogen auf den Bruttowert, betrug 74,7 Mio. € (Vorjahr: 70,2 Mio. €). (IWKA, Geschäftsbericht 2006, S. 131)

4.1 Vorräte

Die in der betrachteten Periode ausgewiesenen Wertminderungen zeigt Tab. 4-7.

	Wertminderungen in der Periode in Mio. €
Metro AG	335
Volkswagen AG	225
Bayer AG	180
Deutsche Telekom AG	43
Salzgitter AG	23
Vossloh AG	19
Douglas Holding AG	17
Pfleiderer AG	15
Bauer AG	14
GEA Group AG	13
Lanxess AG	12
BMW AG	12
GAGFAH S.A.	10
Wincor Nixdorf AG	10
Krones AG	10
Leoni AG	9
Gildemeister AG	8
ThyssenKrupp AG	7
Deutsche Lufthansa AG	6
Premiere AG	6
Celesio AG	5
Hugo Boss AG	5
K+S AG	5
Rheinmetall AG	5
Rhön-Klinikum AG	4
Demag Cranes AG	4
BASF AG	3
KWS Saat AG	3
IVG Immobilien AG	3
Fuchs Petrolub AG	2
H&R WASAG AG	2
TAG AG	2
Norddeutsche Affinerie AG	2
Praktiker Bau- und Heimwerkmärkte AG	1
Südzucker AG	1

Tab. 4-7: Wertminderungen in der betrachteten Periode in den Vorräten

Wertaufholungen werden dagegen von weitaus weniger Unternehmen ausgewiesen, wie nachfolgende Tabelle zeigt.

	Wertaufholung in Mio. €
Praktiker Bau- und Heimwerkmärkte AG	3
Deutsche Lufthansa AG	8
BASF AG	8
TAG AG	1
Pfleiderer AG	6
Celesio AG	3
Salzgitter AG	3
ThyssenKrupp AG	5

Tab. 4-8: Unternehmen mit Wertaufholungen bei Vorräten in Mio. €

> Wenn die Gründe, die zu einer Abwertung der Handelswaren geführt haben, nicht länger bestehen, wird eine entsprechende Wertaufholung vorgenommen. (Praktiker, Geschäftsbericht 2006, S. 60)
>
> Im Berichtsjahr wurden Wertaufholungen auf die Vorräte in Höhe von T€ 2.840 (Vorjahr T€ 3.684) sowie Wertminderungen in Höhe von T€ 1.400 (Vorjahr T€ 1.452) in den Einstandskosten der verkauften Waren erfasst. (Praktiker, Geschäftsbericht 2006, S. 80)

4.2 Fertigungsaufträge

Insgesamt 27 der 122 untersuchten Unternehmen weisen Fertigungsaufträge aus. Es handelt sich hierbei um die folgenden Unternehmen:

Deutsche Lufthansa AG
Deutsche Telekom AG
Linde AG
MAN AG
ThyssenKrupp AG
Bilfinger Berger AG
EADS
GEA Group AG
Hochtief AG
IWKA AG

Arcandor AG
Krones AG
Leoni AG
MTU Aero Engines Holding AG
SGL Carbon AG
Vossloh AG
ARQUES Industries AG
Bauer AG
Demag Cranes AG
DIC Asset AG
Dürr AG
elexis AG
Grammer AG
Indus Holding AG
Koenig & Bauer AG
TAG AG
Thielert AG

Tab. 4-9: Unternehmen mit Fertigungsaufträgen

Die Unternehmen kommen dabei überwiegend aus dem Cluster Industrie, wie Tab. 4-10 zeigt.

	mit Fertigungs-aufträgen	alle	Anteil
ATL	3	13	23 %
BCU	3	10	30 %
CPH	2	16	13 %
FBI	4	31	13 %
IND	13	28	46 %
MTST	1	6	17 %
RCF	1	17	6 %

Tab. 4-10: Anteil der Unternehmen mit ausgewiesenen Fertigungsaufträgen nach Clustern

4 Empirische Analyse

Der Umfang der Fertigungsaufträge ist natürlich stark branchenabhängig. Tab. 4-11 zeigt den Anteil der Fertigungsaufträge in Form der Auftragserlöse an den Umsatzerlösen.

	Auftragserlöse in Mio. €	Anteil Auftragserlöse an den gesamten Umsatzerlösen
Hochtief AG	12.692	81,84 %
Bilfinger Berger AG	4.499	59,97 %
GEA Group AG	2.446	56,28 %
Bauer AG	467	54,68 %
Vossloh AG	426	41,97 %
IWKA AG	510	33,01 %
Thielert AG	13	21,67 %
EADS	7.001	17,75 %
elexis AG	23	16,67 %
Koenig & Bauer AG	257	14,75 %
Linde AG	1.410	11,34 %
Krones AG	217	11,02 %
ThyssenKrupp AG	4.829	10,25 %
MAN AG	791	6,06 %
Indus Holding AG	46	5,42 %
MTU Aero Engines Holding AG	117	4,84 %
Grammer AG	28	3,18 %
ARQUES Industries AG	10	1,30 %
TAG AG	1	0,93 %
DIC Asset AG	1	0,90 %
SGL Carbon AG	5	0,42 %
Leoni AG	6	0,28 %
Demag Cranes AG	1	0,10 %
Arcandor AG	2	0,02 %

Tab. 4-11: Anteil der Fertigungsaufträge an den Umsatzerlösen

Den größten Anteil machen die Fertigungsaufträge danach erwartungsgemäß bei den Bauunternehmen Hochtief und Bilfinger Berger aus. Auch bei Maschinenbauern ist der Anteil relativ hoch.

4.2 Fertigungsaufträge

Die Forderungen aus Fertigungsaufträgen resultieren aus der Bilanzierung von Fertigungsaufträgen nach der „Percentage of Completion"-Methode. Dabei werden die angefallenen Auftragskosten einschließlich eines dem Fertigstellungsgrad entsprechenden Gewinnanteils als kumulierte Leistung aus Fertigungsaufträgen aktiviert. Der Ausweis der Fertigungsaufträge erfolgt aktivisch als Forderung aus Fertigungsaufträgen, soweit die kumulierte Leistung die vom Kunden erhaltenen Anzahlungen übersteigt. Im umgekehrten Fall werden die kumulierten Leistungen nach Verrechnung mit den Anzahlungen als Verbindlichkeiten aus Fertigungsaufträgen auf der Passivseite der Bilanz unter den Verbindlichkeiten aus Lieferungen und Leistungen ausgewiesen.

Forderungen und Verbindlichkeiten aus Fertigungsaufträgen

Mio.	2006			2005		
	aktivisch ausgewiesen	passivisch ausgewiesen	Summe	aktivisch ausgewiesen	passivisch ausgewiesen	Summe
Kumulierte Leistung aus Fertigungsaufträgen	584,5	37,4	621,9	326,9	42,9	369,8
Erhaltene Anzahlungen auf Fertigungsaufträge	−455,6	−100,4	−556,0	−214,1	−89,6	−303,7
Forderungen aus Fertigungsaufträgen	128,9		128,9	112,8		112,8
Verbindlichkeiten aus Fertigungsaufträgen		63,0	63,0		46,7	46,7

(Vossloh, Geschäftsbericht 2006, S. 110)

Der Fertigstellungsgrad wird bei 20 von 23 Unternehmen, die hierzu Angaben machen, nach den tatsächlich angefallenen Auftragskosten ermittelt. Die anderen drei Unternehmen ermitteln den Fertigstellungsgrad dagegen nach dem Anteil der erreichten physischen Leistung an der Gesamtleistung. Bei diesen Unternehmen handelt es sich um die Deutsche Lufthansa, Bilfinger Berger und EADS.

For construction contracts, when the outcome can be estimated reliably, revenues are recognised by reference to the stage (percentage) of completion ("PoC") of the contract activity. The stage of completion of a contract may be determined by a variety of ways. Depending on the nature of the contract, revenue is recognised as contractually agreed milestones are reached, as units are delivered or as the work progresses. Whenever the outcome of a construction contract cannot be estimated reliably, revenue is only recognised to the extent of the expenses incurred that are recoverable. Changes in profit rates are reflected in current earnings as identified. Contracts are reviewed regularly and in case of probable losses, provisions are recorded. (EADS, Geschäftsbericht 2006, S. 59)

Die Fertigungsaufträge machen sich bilanziell in den erhaltenen Anzahlungen bemerkbar. Tab. 4-12 zeigt den Anteil der erhaltenen Anzahlungen an der Bilanzsumme und ihren absoluten Wert.

	erhaltene Anzahlungen in Mio. €	erhaltene Anzahlungen (in % der Bilanzsumme)
Bilfinger Berger AG	4862	94,8 %
IWKA AG	448	41,8 %
Rheinmetall AG	1168	34,1 %
Vossloh AG	355,2	29,6 %
Bauer AG	165	25,6 %
Hochtief AG	1868	22,4 %
Dürr AG	109	10,5 %
Linde AG	2811	10,0 %
MAN AG	1013	6,6 %
ThyssenKrupp AG	1301	3,6 %
EADS	2198	3,0 %
Indus Holding AG	15	1,7 %
GEA Group AG	66	1,3 %
SGL Carbon AG	7	0,6 %
Arcandor AG	40	0,5 %
TAG AG	1	0,1 %
Demag Cranes AG	1	0,1 %

Tab. 4-12: Erhaltene Anzahlungen bei Fertigungsaufträgen

21 Langfristfertigung
Bei den Forderungen aus Langfristfertigung wurden pro Auftrag die angefallenen Auftragskosten einschließlich Ergebnisbeiträgen mit den erhaltenen Anzahlungen verrechnet. Zum Bilanzstichtag wurden für langfristige Fertigungsaufträge angefallene Auftragskosten und ausgewiesene Gewinne von 489,7 mio. € (Vorjahr: 352,0 mio. €) mit erhaltenen Anzahlungen in Höhe von 448,0 mio. € (Vorjahr: 324,0 mio. €) verrechnet. Daraus resultieren Forderungen von 116,8mio. € (Vorjahr: 116,5mio. €) und Verbindlichkeiten von 75,1 mio. € (Vorjahr: 88,5 mio. €). Bei den Verbindlichkeiten aus Langfristfertigung übersteigen die erhaltenen Anzahlungen die angefallenen Auftragskosten und den Gewinnanteil.
(IWKA, Geschäftsbericht 2006, S. 132)

Wiederum liegt der Anteil bei einem Bauunternehmen – Bilfinger Berger – am höchsten. Ansonsten sind wieder die Maschinenbauer stark vertreten. Diese Werte sind aber insoweit vorsichtig zu interpretieren, da die erhaltenen Anzahlungen keine eigene Bilanzposition darstellen, sondern im Saldo der Fertigungsaufträge aufgehen.

Als letzte Auswertung zu den Fertigungsaufträgen wird deshalb der bilanzielle Ausweis geprüft. Fertigungsaufträge werden mit aktivischem und passivischem Saldo gegenüber den Kunden ausgewiesen. Tab. 4-13 zeigt die ausgewiesenen Werte für die untersuchten Unternehmen.

	Fertigungsaufträge mit aktivischem Saldo gegenüber Kunden (in Mio. €)	Fertigungsaufträge mit aktivischem Saldo gegenüber Kunden (in % der Bilanzsumme)	Fertigungsaufträge mit passivischem Saldo gegenüber Kunden (in Mio. €)	Fertigungsaufträge mit passivischem Saldo gegenüber Kunden (in % der Bilanzsumme)
elexis AG	2	1,7 %	1	0,9 %
SGL Carbon AG	0	0,0 %	3	0,2 %
GEA Group AG	346	7,0 %	260	5,3 %
Indus Holding AG	8	0,9 %	2	0,2 %
EADS	1477	2,0 %		
ThyssenKrupp AG	1187	3,3 %		
MAN AG	125	0,8 %	283	1,9 %
Linde AG	46	0,2 %	1056	3,8 %
Dürr AG	150	14,4 %		
Hochtief AG	1271	15,2 %	253	3,0 %
Bauer AG	31	4,8 %	8	1,2 %
Vossloh AG	129	10,8 %	63	5,3 %
Rheinmetall AG	204	6,0 %	2	0,1 %
IWKA AG	117	10,9 %	75	7,0 %
Bilfinger Berger AG	272	5,3 %	323	6,3 %
Deutsche Telekom AG	176	0,1 %	39	0,0 %
Leoni AG	11	0,8 %		

MTU Aero Engines Holding AG	266	8,5 %		
ARQUES Industries AG	17	2,6 %		
DIC Asset AG	8	0,6 %		
Grammer AG	35	7,3 %		
Koenig & Bauer AG	16	1,1 %		
Thielert AG	13	7,6 %		
Arcandor			5	0,1 %

Tab. 4-13: Fertigungsaufträge mit aktivischem und passivischem Saldo

4.3 Forderungen

4.3.1 Nichtbanken

104 der untersuchten 122 Unternehmen weisen Forderungen aus Lieferungen und Leistungen aus. Die anderen 18 Unternehmen weisen zwar ebenfalls Forderungen aus, aber im Regelfall aus Krediten.

Da bei Finanzunternehmen in der Regel der größte Teil der Bilanzsumme aus Forderungen besteht, sind diese mit dem Rest der Unternehmen nicht vergleichbar. Im Folgenden werden deshalb zunächst nur die „normalen" Unternehmen analysiert. In Kapitel 5.3.2 erfolgt die bankspezifische Analyse.

Nach Clustern ergeben sich die in Tab. 4-14 dargestellten Anteile der Forderungen an der Bilanzsumme.

ATL	12,8 %
BCU	18,9 %
CPH	14,8 %
FBI[200]	10,7 %
IND	23,1 %
MTST	11,9 %
RCF	15,4 %

Tab. 4-14: Anteile der Forderungen an der Bilanzsumme nach Clustern

---

200 Hier sind u. a. noch die Immobiliengesellschaften enthalten.

4.3 Forderungen

Der Anteil ist bei den Industrieunternehmen am höchsten und bei den einbezogenen Finanzdienstleistern am geringsten. Nach den einzelnen Unternehmen ergeben sich die in Tab. 4-15 dargestellten Werte.

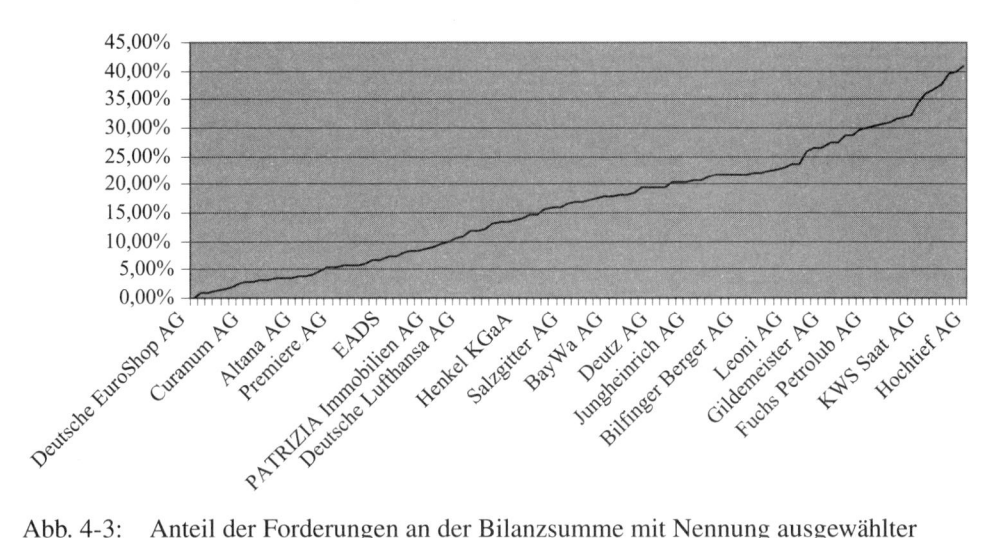

Abb. 4-3: Anteil der Forderungen an der Bilanzsumme mit Nennung ausgewählter Unternehmen

Die hohen Forderungsbestände bei Hochtief resultieren u. a. aus der Erfassung der noch nicht abgerechneten Bauleistungen als Fertigungsaufträge, wobei die erhaltenen Anzahlungen in Abzug gebracht wurden.

Krones AG	IND	40,8 %	adidas AG	RCF	16,9 %
Hochtief AG	BCU	39,8 %	STADA Arzneimittel AG	CPH	16,6 %
Dürr AG	IND	39,5 %	Hugo Boss AG	RCF	16,1 %
Loewe AG	RCF	37,6 %	Salzgitter AG	BCU	15,9 %
Klöckner & Co AG	IND	36,6 %	Merck KGaA	CPH	15,5 %
Rational AG	IND	36,1 %	H&R WASAG AG	CPH	14,6 %
IWKA AG	IND	34,5 %	Wacker Chemie AG	CPH	14,6 %
KWS Saat AG	IND	32,1 %	C.A.T. Oil AG	BCU	14,1 %
MPC AG	FBI	31,9 %	Escada AG	RCF	13,8 %
Celesio AG	RCF	31,6 %	Henkel KGaA	RCF	13,4 %
D+S europe AG	MTST	31,0 %	EM.TV AG	MTST	13,4 %
Grammer AG	ATL	30,6 %	Rhön-Klinikum AG	CPH	13,2 %
Bauer AG	BCU	30,3 %	Indus Holding AG	FBI	12,0 %

125

Fuchs Petrolub AG	CPH	30,0 %	Symrise AG	CPH	11,8 %
Thiel Logistik AG	ATL	29,6 %	MVV Energie AG	BCU	11,7 %
Koenig & Bauer AG	IND	28,7 %	Deutsche Lufthansa AG	ATL	10,9 %
Thielert AG	IND	28,7 %	Bayer AG	CPH	10,4 %
Vossloh AG	IND	27,6 %	Sixt AG St	ATL	9,9 %
techem AG	IND	27,3 %	RWE AG	BCU	9,5 %
Gildemeister AG	IND	26,5 %	Balda AG	IND	9,0 %
Gerry Weber International AG	RCF	26,4 %	ProSiebenSat.1 Media AG	MTST	8,7 %
HCI Capital AG	FBI	26,0 %	HeidelbergCement AG	IND	8,3 %
GEA Group AG	IND	23,5 %	PATRIZIA Immobilien AG	FBI	8,3 %
ARQUES Industries AG	FBI	23,5 %	MLP AG	FBI	8,1 %
Wincor Nixdorf AG	IND	23,1 %	CTS Eventim AG	MTST	7,3 %
Leoni AG	ATL	22,8 %	Südzucker AG	RCF	7,2 %
K+S AG	CPH	22,2 %	Tui AG	ATL	6,8 %
Lanxess AG	CPH	22,0 %	EADS	IND	6,7 %
Norddeutsche Affinerie AG	BCU	21,9 %	Pfleiderer AG	IND	6,2 %
Bilfinger Berger AG	BCU	21,8 %	Vivacon AG	FBI	5,9 %
Puma AG	RCF	21,8 %	Deutsche Telekom AG	MTST	5,8 %
CeWe Color Holding AG	RCF	21,8 %	Linde AG	CPH	5,7 %
AWD Holding AG	FBI	21,6 %	TAG AG	FBI	5,3 %
Continental AG	ATL	21,6 %	Premiere AG	MTST	5,3 %
Demag Cranes AG	IND	21,3 %	Karstadt Quelle AG	RCF	4,9 %
Beiersdorf AG	RCF	20,8 %	Fraport AG	ATL	4,3 %
Takkt AG	RCF	20,6 %	Dyckerhoff AG	BCU	3,9 %
Jungheinrich AG	IND	20,4 %	Volkswagen AG	ATL	3,7 %
ThyssenKrupp AG	IND	20,3 %	DIC Asset AG	FBI	3,6 %
Heidelberger Druckmaschinen AG	BCU	20,3 %	Altana AG	CPH	3,5 %

MTU Aero Engines Holding AG	IND	19,6 %	Fielmann AG	RCF	3,4 %
MAN AG	IND	19,6 %	Air Berlin PLC	ATL	3,1 %
Rheinmetall AG	IND	19,5 %	Douglas Holding AG	RCF	3,1 %
Deutz AG	IND	19,4 %	Deutsche Post AG	ATL	2,9 %
Medion AG	IND	18,4 %	BMW AG	ATL	2,9 %
GfK AG	IND	18,2 %	Curanum AG	CPH	2,7 %
BASF AG	CPH	18,2 %	GAGFAH S.A.	FBI	1,8 %
Schwarz Pharma AG	CPH	17,8 %	Metro AG	RCF	1,5 %
SGL Carbon AG	CPH	17,8 %	Colonia Real Estate AG	FBI	1,2 %
BayWa AG	IND	17,6 %	IVG Immobilien AG	FBI	0,9 %
elexis AG	IND	17,2 %	Praktiker Bau- und Heimwerkmärkte AG	RCF	0,8 %
ElringKlinger AG	ATL	17,0 %	Deutsche Euro-Shop AG	FBI	0,1 %

Tab. 4-15: Anteile der Forderungen an der Bilanzsumme nach Unternehmen

Mit knapp 41 % der Bilanzsumme ist der Anteil von dem Maschinenbauer Krones damit am höchsten, die Deutsche EuroShop als Immobilienunternehmen hat dagegen fast keine Forderungen.

49 Unternehmen weisen Wertminderungen/Wertberichtigungen auf Forderungen aus, wie Tab. 4-16 zeigt:

	Cluster	Wertminderung in Mio. €
Deutsche Telekom AG	MTST	534
EADS	IND	375
ThyssenKrupp AG	IND	327
MAN AG	IND	206
Bayer AG	CPH	145
adidas AG	RCF	112
Volkswagen AG	ATL	97
Continental AG	ATL	87
BASF AG	CPH	86
GEA Group AG	IND	65
Beiersdorf AG	RCF	38

Klöckner & Co AG	IND	33
Puma AG	RCF	32
Henkel KGaA	RCF	23
Rhön-Klinikum AG	CPH	17
Premiere AG	MTST	15
Wincor Nixdorf AG	IND	15
Deutz AG	IND	13
STADA Arzneimittel AG	CPH	11
Jungheinrich AG	IND	11
GAGFAH S.A.	FBI	10
Lanxess AG	CPH	10
Leoni AG	ATL	10
EM.TV AG	MTST	10
CeWe Color Holding AG	RCF	8
Gildemeister AG	IND	8
Demag Cranes AG	IND	7
Thielert AG	IND	7
Salzgitter AG	BCU	6
Medion AG	IND	6
Wacker Chemie AG	CPH	5
Indus Holding AG	FBI	5
techem AG	IND	4
Fuchs Petrolub AG	CPH	4
Altana AG	CPH	3
Fraport AG	ATL	3
Krones AG	IND	3
Symrise AG	CPH	3
Dürr AG	IND	3
Thiel Logistik AG	ATL	3
Deutsche EuroShop AG	FBI	2
ARQUES Industries AG	FBI	2
Escada AG	RCF	2
Gerry Weber International AG	RCF	2
GfK AG	IND	2
AWD Holding AG	FBI	1
Praktiker Bau- und Heimwerkmärkte AG	RCF	1
Curanum AG	CPH	1
elexis AG	IND	1

Tab. 4-16: Wertminderungen auf Forderungen

4.3 Forderungen

23. Forderungen aus Lieferungen und Leistungen
Von dem Gesamtbetrag waren 5.756 mio € (Vorjahr: 5.162 mio €) innerhalb eines Jahres und 46 mio € (Vorjahr: 42 mio €) nach einem Jahr fällig. Forderungen aus Lieferungen und Leistungen bestanden mit 25 mio € (Vorjahr: 36 mio €) gegenüber assoziierten Unternehmen und mit 5.777 mio € (Vorjahr: 5.168 mio €) gegenüber sonstigen Kunden.
Die Wertberichtigungen für Forderungen haben sich insgesamt folgendermaßen entwickelt:

in Mio €	2005	2006
Kumulierte Wertberichtigungen zum 1.1.	-273	-334
Konzernkreisänderungen	1	0
Aufwandswirksame Zuführungen	-158	-145
Auflösung / Inanspruchnahme	118	152
Umgliederungen in das kurzfristige Vermögen	-	22
Währungsänderungen	-22	0
Kumulierte Wertberichtigungen zum 31.12.	-334	-305

(Bayer, Geschäftsbericht 2006, S. 162)

Die höchsten Wertberichtigungsquoten als Anteil der Wertberichtungen an den Forderungen haben dabei Premiere mit 17,4 %, Gagfah mit 6,2 % und die Deutsche Telekom mit 6,6 %.

Die Wertberichtigungen auf Forderungen aus Lieferungen und Leistungen haben sich wie folgt entwickelt:

in Mio. €	2006	2005
Stand Wertberichtigungen am 1. Januar	1 108	1 045
Kursdifferenzen	(29)	23
Zuführungen (Aufwendungen für Wertberichtigungen)	534	541
Verbrauch	(425)	(396)
Auflösungen	(40)	(105)
Stand Wertberichtigungen am 31. Dezember	1 148	1 108

Der Gesamtbetrag der Zuführungen von 534 Mio. € (2005: 541 Mio. €) setzt sich zusammen aus Zuführungen auf Grund von Einzelwertberichtigungen in Höhe von 152 Mio. € (2005: 208 Mio. €) und pauschalierten Einzelwertberichtigungen in Höhe von 382 Mio. € (2005: 333 Mio. €). Im Rahmen der Auflösungen wurden Rückgängigmachungen von Einzelwertberichtigungen in Höhe von 44 Mio. € (2005: 65 Mio. €) und Rückgängigmachungen von pauschalierten Einzelwertberichtigungen in Höhe von 62 Mio. € (2005: 58 Mio. €) berücksichtigt. In der folgenden Tabelle sind die Aufwendungen für die vollständige Ausbuchung von Forderungen aus Lieferungen und Leistungen sowie die Erträge aus

> dem Eingang auf ausgebuchte Forderungen aus Lieferungen und Leistungen dargestellt:
>
> | in Mio. € | 2006 | 2005 |
> |---|---|---|
> | Aufwendungen für die vollständige Ausbuchung von Forderungen | 380 | 367 |
> | Erträge aus dem Eingang auf ausgebuchte Forderungen | 93 | 133 |
>
> Alle Aufwendungen und Erträge aus Wertberichtigungen und Ausbuchungen von Forderungen aus Lieferungen und Leistungen werden unter den Vertriebskosten ausgewiesen.

Der Anteil der Wertberichtigungen am Jahresergebnis ist in Tab. 4-17 dargestellt. Bei Thiel Logistik beträgt der Anteil 30 %, bei der Deutsche Telekom 17 %. Daran zeigt sich, dass bei einer „günstigeren" Kundenstruktur ein weitaus besseres Ergebnis erzielt worden wäre.

	Wertberichtigungen der Periode (in % des Jahresergebnisses vor EE-Steuern und vor Wertberichtigungen)
Thiel Logistik AG	30,0 %
Deutsche Telekom AG	17,0 %
Dürr AG	16,7 %
ThyssenKrupp AG	11,1 %
Escada AG	7,4 %
Bayer AG	6,8 %
GAGFAH S.A.	5,2 %
elexis AG	5,0 %
techem AG	4,0 %
Lanxess AG	3,4 %
Altana AG	3,1 %
Fuchs Petrolub AG	2,6 %
GfK AG	2,1 %
BASF AG	1,3 %
AWD Holding AG	1,2 %
Praktiker Bau- und Heimwerkmärkte AG	0,9 %
Fraport AG	0,9 %

Tab. 4-17: Verhältnis Wertberichtigungen zu Jahresergebnis

4.3 Forderungen

> Die Entwicklung von Dürr hängt in hohem Maße von der Investitionsbereitschaft der Automobilbranche ab. Ein erheblicher Teil der Umsatzerlöse wird mit einer geringen Zahl von Kunden erwirtschaftet, da der Automobilmarkt weltweit von wenigen Unternehmen dominiert wird. Daher besteht auch ein Großteil der Forderungen des Konzerns gegenüber Automobilherstellern. Diese Forderungen sind in der Regel nicht durch Bankbürgschaften oder sonstige Sicherheiten besichert. In den ausgewiesenen Forderungen sind Wertberichtigungen für risikobehaftete Forderungen in Höhe von 10.173 Tsd. € (2005: 17.199 Tsd. €) enthalten; die Auflösung der Wertberichtigungen von 2.011 Tsd. € sowie die Zuführung neuer Wertberichtigungen von 3.460 Tsd. € (2005: in Summe 3.882 Tsd. €) wurden ertragswirksam erfasst. Zum 31. Dezember 2006 entfielen 50,3 % (2005: 50,4 %) der Forderungen aus Lieferungen und Leistungen auf sechs (2005: vier) Kunden.
> (Dürr, Geschäftsbericht 2006, S. 91)

Die Ermittlung der Wertberichtigungen erfolgt bei den Unternehmen nach unterschiedlichen Verfahren. Die Anzahl der Unternehmen nach Ermittlungsmethode sind in Tab. 4-18 dargestellt.

Orientierung am tatsächlichen Ausfallrisiko	2
individuelle Risikoeinschätzung	13
Erfahrungswerte	12
objektive Hinweise	16
erkennbares Risiko	20
erwartetes Ausfallrisiko	4

Tab. 4-18: Methoden zur Ermittlung der Wertberichtigungen

> Die Forderungen und die sonstigen Vermögenswerte sind zu fortgeführten Anschaffungskosten bewertet. Eine Wertminderung bei Forderungen wird dann erfasst, wenn objektive Hinweise dafür vorliegen, dass die fälligen Forderungsbeträge nicht vollständig einbringlich sind. Die Höhe der Wertminderung bemisst sich als Differenz zwischen dem Buchwert und dem Wert der geschätzten zukünftigen Cashflows aus dieser Forderung. Die Wertminderung wird erfolgswirksam erfasst. (AWD Holding, Geschäftsbericht 2006, S. 96)

4.3.2 Bankspezifische Analyse

Die Banken geben in ihren Jahresabschlüssen folgende Kennzahlen zur Risikovorsorge an:
- die Nettozuführungsquote,
- die Ausfallquote sowie
- die Bestandsquote.

Basis aller Kennzahlen ist das Kreditvolumen. Dieses ergibt sich aus der Summe der Forderungen an Kunden und der Forderungen an Kreditinstitute.

in Mio. €	Forderungen an Kreditinstitute	Forderungen an Kunden	Kreditvolumen
Aareal Bank	2.691	23.341	26.032
Commerzbank	75.271	294.471	369.742
Hypo Real Estate	18.010	81.602	99.612
Postbank	16.350	87.182	103.532

Tab. 4-19: Kreditvolumen 2006

4.3.2.1 Nettozuführungsquote

Die Nettozuführungsquote gibt an, in welcher Höhe relativ zum Kreditvolumen Risikovorsorge neu gebildet werden musste. Als Nettozuführung wird die Differenz aus den Bruttozuführungen und den Auflösungen von Wertberichtigungen und Rückstellungen im Kreditgeschäft inkl. Eingängen auf abgeschriebene Forderungen verstanden.

$$\text{Nettozuführungsquote} = \frac{\text{Zuführungen} - \text{Auflösungen} - \text{Eingänge auf abgeschriebene Forderungen}}{\text{Kreditvolumen}}$$

Diese Daten sind sämtlich aus den Angaben im Jahresabschluss zu entnehmen. Danach weisen die Banken die in Tab. 4-20 dargestellten Werte auf.

in Mio. €	Zuführungen	Auflösungen	Eingänge auf abgeschriebene Forderungen	Nettozuführung	Nettozuführungsquote
Aareal Bank	200	107	4	89	0,34 %
Commerzbank	1.777	869	30	878	0,24 %
Hypo Real Estate	240	78	3	159	0,16 %
Postbank	451	100	14	337	0,33 %

Tab. 4-20: Nettozuführungsquote 2006

In 2006 ist die Nettozuführungsquote von Aareal Bank und Postbank am höchsten, während die Hypo Real Estate als Hypothekenbank einen sehr niedrigen Wert erreicht.

Der Aussagegehalt der Nettozuführungsquote eines einzigen Jahres ist relativ begrenzt, da beispielsweise zu hohe Zuführungen in den vorangegangenen Jahren zu Auflösungen im betreffenden Jahr führen, wodurch die Nettozuführungsquote im Zeitablauf sinkt. Umgekehrt führen zu geringe Zuführungen der Vergangenheit zu steigenden Zuführungen in der Zukunft, um die entstehende Lücke zu schließen.

4.3.2.2 Ausfallquote

Mit der Ausfallquote wird das Verhältnis von tatsächlichen Ausfällen zum Kreditvolumen gebildet. Die tatsächlichen Ausfälle ergeben sich dabei durch Subtraktion der Eingänge auf abgeschriebene Forderungen von der Position Inanspruchnahme von bestehenden Wertberichtigungen und Rückstellungen. Im Gegensatz zur Nettozuführungsquote ist die Ausfallquote zum großen Teil nicht in der betrachteten Periode ergebniswirksam, denn die Kreditausfälle hatten in einer vorangegangenen Periode in Form einer Zuführung zu Aufwand geführt.

$$\text{Ausfallquote} = \frac{\text{Kreditausfälle} - \text{Eingänge auf abgeschriebene Forderungen}}{\text{Kreditvolumen}}$$

Auch sämtliche Daten zur Ausfallquote lassen sich aus den Angaben im Jahresabschluss entnehmen. Danach weisen die Banken die in Tab. 4-21 angegebenen Werte aus.

in Mio. €	Inanspruchnahme von best. Wertberichtigungen und Rückstellungen zzgl. Direktabschreibungen	Eingänge auf abgeschriebene Forderungen	Kreditausfälle	Ausfallquote 2005
Aareal Bank	846	4	842	3,23 %
Commerzbank	1.045	30	1.015	0,27 %
Hypo Real Estate	172	4	168	0,17 %
Postbank	161	30	131	0,13 %

Tab. 4-21: Ausfallquote 2006

In 2006 liegt die Ausfallquote der Aareal Bank mit 3,23 % drastisch über der Nettozuführungsquote. Die Aareal Bank hat durch die Veräußerung von risikobehaftetem Kreditvolumen einen Teil der Risikovorsorge durch Inanspruchnahme ausbuchen müssen.

Ansonsten zeigen die Ausfallquoten die Risikosituation der einzelnen Banken. Sehr niedrig liegt sie bei Postbank (Privatkundenbank) und Hypo Real Estate (Hypothekenbank), während sie bei der Commerzbank etwas höher liegt.

4.3.2.3 Bestandsquote

Die Bestandsquote – auch Risikoquote genannt - zeigt an, für welchen Teil des Kreditvolumens Risikovorsorge getroffen wurde.

$$\text{Bestandsquote} = \frac{\text{Risikovorsorgebestand}}{\text{Kreditvolumen}}$$

Die 2006er Bestandsquoten der untersuchten Banken sind Tab. 4-22 zu entnehmen.

	Risikovorsorgebestand in Mio. €	Bestandsquote 2006
Aareal Bank	333	1,28 %
Commerzbank	7.918	2,14 %
Hypo Real Estate	940	0,94 %
Postbank	1.189	1,15 %

Tab. 4-22: Bestandsquote 2006

In der Bestandsquote äußert sich wiederum der Risikogehalt der einzelnen Banken. Bei der Hypo Real Estate ist als Hypothekenbank der Bestand an Risikovorsorge am geringsten, wobei die Aareal Bank zwar die gleiche Geschäftsausrichtung hat, aber in der Vergangenheit aufgrund von risikoreichen Geschäften in der Krise war. Deshalb war auch die Ausfallquote hoch. Ansonsten liegt die Postbank wieder im Mittelfeld, während die Commerzbank die höchste Bestandsquote aufweist.

Fazit/Ausblick

Die theoretische Darstellung und die empirische Analyse haben eine breite Bilanzierungspraxis im Bereich der Vorräte und Forderungen gezeigt. Zum einen zeigen sich hier branchenspezifische Darstellungen – sehr ausgeprägt etwa die Forderungsbilanzierung bei Banken – zum anderen aber auch rein branchenspezifische Probleme – so etwa Fertigungsaufträge bei Bauunternehmen.

Gleichzeitig zeigen die empirischen Beispiele die unterschiedliche Ausprägung der Angaben bei verschiedenen Unternehmen. Diese sind zum einen auf die unterschiedliche Wichtigkeit der Positionen bei einzelnen Unternehmen zurückzuführen, andererseits aber auch einer unterschiedlichen Interpretation des notwendigen Datenmaterials, das im Abschluss gezeigt werden muss.

So ist beispielsweise die Angabe der wertberichtigten Vorräte nach IFRS vorgeschrieben. Eine fehlende Angabe kann somit mit einem Nichtvorhandensein der Position erklärt werden, aber auch mit einer bloßen Fehlangabe, da wertberichtigte Vorräte wohl bei den meisten Unternehmen bestehen werden.

Es ist deshalb wünschenswert, dass dieses Buch eine Basis für die bilanzierenden Unternehmen darstellt, eine best practice-Vorgehensweise für die untersuchten Bilanzposten zu finden.

Literaturverzeichnis

Ammann, H./Müller, S., „IFRS – Bilanzierungs-, Steuerungs- und Analysemöglichkeiten", 2. Auflage, Herne/Berlin 2006

Baetge, Jörg (1998), „Bilanzanalyse", Düsseldorf.

Baetge Jörg; Kirsch, Hans-Jürgen; Thiele, Stefan (2004), „Bilanzanalyse" 2. Auflage, Düsseldorf.

Ballwieser, Wolfgang, Michael Dobler (2007), „Branchenspezifische Rechnungslegungsvorschriften", in: Epstein, Barry J., Eva K. Jermakowicz, „Kommentar zur internationalen Rechnungslegung nach IFRS 2007", Weinheim, 2007, S. 1047 – 1098.

Baxmann, U.G. (1985), „Bankbetriebliche Länderrisiken", München.

Berger, K.-H. (1982), „Länderrisiko und Gesamtrisiko der Universalbank", in: Zeitschrift für Betriebswirtschaft, Heft 1, S. 99.

Coenenberg, Adolf G. (2003), „Jahresabschluß und Jahresabschlußanalyse", 19. Auflage, Stuttgart.

Beyer, S. (2008), „Finanzinstrumente", IFRS Best Practice, Band 5, 2008.

Deimel, K., Isemann, R., Müller, S. (2006), „Kosten- und Erlösrechnung", München 2006.

Dichtl, E., Beeskow, W., Köglmayr, H.-G. (1984), „Risikobewertung im Auslandsgeschäft", in: Jahrbuch der Absatz- und Verbrauchsforschung, S. 211.

Epstein, Barry J., Eva K. Jermakowicz, „Kommentar zur internationalen Rechnungslegung nach IFRS 2007", Weinheim, 2007.

Erb, C., Harvey, C., Viskanta, T.E. (1995), „Country Risk and Global Equity Selection", in: The Journal of Portfolio Management, Winter, S. 74 ff.

Freiberg, Jens (2005), „Der Niederstwert bei Vorräten", in: PiR, Heft 4, S. 62 – 63.

Gräfer, Horst (2001), „Bilanzanalyse", 8. Auflage, Herne.

Hoffmann (2007a), „§ 17 Vorräte", in: Lüdenbach / Hoffmann, „IFRS", 5. Auflage, Freiburg, 2007.

Hoffmann (2007b), „§ 9 Finanzierung der Anschaffung oder Herstellung", in: Lüdenbach / Hoffmann, „IFRS", 5. Auflage, Freiburg, 2007.

IDW, St/BFA 1/1990.

IDW, ERS HFA 2, n.F.: Einzelfragen zur Anwendung von IFRS.

Janze (2007), „§ 40 Landwirtschaft", in: Lüdenbach / Hoffmann, „IFRS", 5. Auflage, Freiburg, 2007.

Kehm / Lüdenbach (2007), „§ 28 Finanzinstrumente", in: Lüdenbach / Hoffmann, „IFRS", 5. Auflage, Freiburg, 2007.

Köglmayr, H.-G., Müller, S. (1987), „Bewertung von Länderrisiken", in: Die Bank, S. 378 f.

Kriete, Thomas; Padberg, Thomas; Werner, Thomas (2004), „IFRS-Bilanzanalyse", Stuttgart, 2004.

Kümpel, Thomas (2006), „IAS 41 als spezielle Bewertungsvorschrift für die Landwirtschaft", in: Kapitalmarktorientierte Rechnungslegung, Heft 9, S. 550–558.

Lachnit, L. (2004), „Bilanzanalyse", Wiesbaden, 2004.

Lachnit, L./Müller, S. (2001), „Risikomanagementsystem nach KonTraG und Prüfung des Systems durch den Wirtschaftsprüfer", in: Freidank, C.-C. (Hrsg.): „Die deutsche Rechnungslegung und Wirtschaftsprüfung im Umbruch", Festschrift Prof. Dr. Strobel, München 2001, S. 363–394.

Linss, H.-P. (1989), „Risiken und ihre Abdeckung im internationalen Bankgeschäft", in: Büschgen, H., Richolt, K. (Hrsg.), „Handbuch des internationalen Bankgeschäfts", Wiesbaden, 1989.

Lüdenbach, Norbert (2006), „Bilanzierung von Fertigungsaufträgen bei outputorientierter Bestimmung des Fertigungsgrads", in: PiR, Heft 9, S. 178–180.

Lüdenbach, Norbert (2007), „§ 18 Fertigungsaufträge", in: Lüdenbach / Hoffmann, „IFRS", 5. Auflage, Freiburg, 2007.

Lüdenbach / Hoffmann, „IFRS", 5. Auflage, Freiburg, 2007.

Müller, S./Brackschulze, K./Mayer-Fiedrich, M./Ordemann, T. (2006), „Finanzierung mittelständischer Unternehmen – Selbstrating, Controllingoptimierung und Finanzierungsalternativen", München 2006.

Müller, T. (2000), „Risikovorsorge im Jahresabschluß von Banken", Düsseldorf.

Peemöller, Volker H. (2007), „Vorräte", in: Epstein, Barry J., Eva K. Jermakowicz, „Kommentar zur internationalen Rechnungslegung nach IFRS 2007", Weinheim, 2007, S. 241–270.

Schiller, Bettina; Tytko, Dagmar (2001), „Risikomanagement im Kreditgeschäft", Stuttgart, 2001.

Wobbe, C. (2008), „Sachanlagevermögen", IFRS Best Practice, Band 3, 2008.

Stichwortverzeichnis

A
Abschreibung 64
aging method 85
Analyse
– empirische 105
Angaben 37, 49
Angabepflichten 49
Anschaffungs- oder Herstellungskosten 20
Anschaffungskosten 19
Auftragserlös 62, 63, 64, 66, 68
Auftragskosten 62, 64, 66, 67, 68
Ausfallquote 133

B
Bestandsquote 134
Betriebsergebnis 93
Betriebsstoffe 20, 28
Betriebszugehörigkeit 93
Bewertung 45
Bilanzanalyse 91
Bilanzrechtsmodernisierungsgesetz 58
Bonität 91

C
Cluster 108

D
Dienstleistungsunternehmen 18, 20, 22
Durchschnittsmethode 24

E
Eigenkapitalquote 96

Einbeziehungsverbot 65
Einfuhrzoll 20
Einzelwertberichtigung 28, 90
Erwartungen
– Veränderung der 71
Erzeugnisse
– landwirtschaftliche 43, 44, 45
– unfertige 17, 20

F
Fertigerzeugnis 28
Fertigstellungsgrad 121
Fertigungsauftrag 61, 63, 118
Fertigungsgemeinkosten 21
Festpreisvertrag 62, 63, 66
FiFo-Methode 24
Finanzinstrumente 18, 88
Forderungen 124
Fremdkapitalkosten 34, 35
Fremdkapitalkosten IFRS 35

G
Gebäude 20
Gemeinkosten 58
Gesamtbuchwert 39
Gewinn- und Verlustrechnung 89
Grundstück 20

H
Handelsware 20
Händler 18
Herstellungskosten 19, 20, 21, 22
HGB 58, 103
Hifo 24
Hilfsstoffe 28

I
Input-Verfahren 71
Insolvenzwahrscheinlichkeit 82

K
Kaufpreis 20
Kennzahlen 96
Kosten
– direkte 64
Kostenzuschlagsvertrag 62, 63, 67
Kredit
– Kosten eines 95
Kreditnotstand 94
Kreditrisiko 88
Kriterien
– für Fertigungsaufträge 62
Kuppelprodukte 29

L
Lagerkosten 22
Länderrisiko 99
– ~messung 84
Lifo-Verfahren 24
Liquidationserlös 91
Liquidität 91

M
Markt
– aktiver 79
Marktpreis 20
Materialgemeinkosten 21
Materialintensität 29
Methode
– retrograde 23
Mineralien 18

N
Nettoveräußerungswert 18, 19, 20, 27, 28, 115
Nettozuführungsquote 132
Normalkapazität 21

O
Optionspreismodell 80

Output-Verfahren 71

P
Pauschalwertberichtigung 83, 98
percentage-of-completion-Methode 62
percentage-of-sales-method 85
Prämien 64
Produktionsgemeinkosten 21

R
Rating 95, 97
Restwertrechnung 30
Risiken 89
Risiko
– außenpolitisches 101
– innenpolitisches 100
Rohstoffe 28

S
Schätzung
– verlässliche 66
Standardkosten 23
– ~methode 23

T
Tätigkeit
– landwirtschaftliche 44
Transformation
– biologische 45

V
Verbrauchsfolgeverfahren 17
Vermögenswert 35
– biologischer 43, 45
– qualifizierter 34, 35
Verteilungsrechnung 31
Vertriebskosten 22
Verwaltungsgemeinkosten 22
Vorräte 17, 26, 112
– Bewertung 114
– landwirtschaftliche 43
Vorratsbewertung 17

W
Warenmakler 18
Wertberichtigung 81, 130
Wertberichtigungsquote 129
Wertminderung 28, 115, 117
Wiederbeschaffungskosten 27

Z
Zahlungsziel 22
Zeitwert
– beizulegender 20, 27, 79, 88
Zuwendungen
– der öffentlichen Hand 45, 49